谨以此书
怀念我的父亲（1945-2001）

浙江省社会科学院地方法治研究中心基金资助

国家社会科学基金青年项目
"社会流动理论视角下的中产阶层公民参与研究"
（13CSH020）阶段成果之一

浙江省社会科学院重点学科
"发展社会学"成果

边界渗透与不平等
兼论社会分层的后果

Permeability of Boundaries and Inequality:
Discussing Consequences of Social Stratification

范晓光◎著

社会科学文献出版社
SOCIAL SCIENCES ACADEMIC PRESS (CHINA)

目 录

第一章　导论：从"谁得到什么" 到"得到又怎么样"

自孔德于 1938 年正式提出"社会学"一词以来，在社会学 170 多年的发展历程中，社会分层研究始终是社会学领域中最为重要的研究论题之一，许多社会学大家都曾涉足该论题并构建了诸多理论。长期以来，社会分层研究成果极为丰富，其主题和理论动向往往与社会变迁及社会思潮的新趋势紧密相关①。

在中国，社会分层研究在社会科学领域中的重要地位日益凸显。连续 30 多年的高速经济增长之下，中国的社会结构也随着经济结构的调整发生了巨大的变化。从再分配经济向市场经济转型的过程中，有人的社会地位经历了向上流动，有人经历了水平流动，还有的人经历了向下流动。一方面，不断扩大的中产阶级被越来越多的人认识和理解，他们也通过各种渠道（媒体、社会参与等）在社会生活中发挥日益显著的作用；另一方面，在政府政策、利益博弈、体制变革等多元因素的影响下，包括工人、农民、失业者等的社会中下阶层所受到的结构性"挤压"越来越明显，社会冲突与矛盾激增。最近的 20 多年，尤其是 2000 年以来，社会学家们针对中国社会结构发生的巨大变化，不论在理论思考还是在经验分析上，都做了大量扎实和系统的研究工作，成果颇为丰硕。

---

① 李春玲：《社会分层研究与理论的新趋势》，载李培林、覃方明主编《社会学：理论与经验》（第 1 辑），社会科学文献出版社，2006，第 228~281 页。

一 "谁得到什么"和"为什么会得到"

按照伦斯基在《权力与特权：社会分层理论》一书中的经典阐释，"几乎所有在这一领域中的大理论家们，不论他们有什么样的理论或意识形态偏向，都试图在回答基本的问题：谁得到了什么？为什么会得到？这个问题是所有讨论阶级和阶层，以及它们的结构性联系时的基本问题"[①]。在笔者看来，过去的十多年里，国内社会分层研究重点回答的就是以下两个基本问题：（1）"谁得到了什么？"（Who gets what?）——社会分层结构和分层框架；（2）"为什么会得到？"（Why?）——社会分层和流动的机制。概而言之，主要有以下四个方面。

第一，描述当代中国的分层结构。（1）"断裂"论。孙立平指出，20世纪90年代中期以来，中国从资源配置的扩散趋势向重新积聚趋势转变，即出现了社会财富和其他各种社会资源越来越向上层社会或少数精英分子集中的趋势，而相当规模的社会弱势群体开始形成；当社会上层与社会底层的差距越拉越大时，有一部分社会成员被甩出社会结构，最终导致了"断裂社会"的出现[②]。（2）"结构现代化"论。中国社会科学院社会学研究所"当代中国社会结构变迁"课题组认为，随着市场化改革的推进，中国社会逐渐形成了十大阶层、五大等级的社会阶层结构，虽然与现代化的社会阶层结构相比，当前中国社会阶层结构还有很大差距，但正朝着现代化社会阶层结构演变，应该说现代化社会阶层结构的雏形

---

① 伦斯基：《权力与特权：社会分层的理论》，关信平等译，浙江人民出版社，[1966] 1988，第8页。

② 孙立平：《断裂：20世纪90年代以来的中国社会》，社会科学文献出版社，2003，第1~6，59~63页。

在中国已经形成①。（3）"碎片化"论。李强认为，"当今中国社会，利益变迁十分迅速，各个社会利益群体正在分化、解组（disorganization）、重新组合（reintegration），因此，使用地位相对稳定的阶级阶层概念就不太符合中国的实际情况"②，整个社会呈现"碎片化"。不过，到了2005年左右，他又指出，中国阶层结构出现了定型化倾向，阶层界限逐渐形成，社会下层群体向上流动的比例下降，具有阶层特征的生活方式、文化模型逐渐形成，阶层内部的认同得到强化，而社会利益的"碎片化"有助于减小社会震动③。有学者总结指出，该论断强调当前中国社会分化的多维化和交叉化，且没有出现界线分明的阶级或阶层，具有一致利益认同的阶级阶层未必会出现④。（4）"结构化"论。李路路在工业化—功能主义和反工业化—功能主义的理论传统以及"关系论（阶级论）"和"分配论（等级论）"的理论传统下，提出在中国由再分配经济朝向市场经济体制的制度转型过程中，阶级阶层相对关系模式具有"双重再生产"的特征，没有发生根本性的变化，而结构化的机制随着制度转型发生了一定程度的变化⑤。

以上对当代中国社会分层结构的总体判断陆续被提出后，有学者对它们做了系统的比较分析，发现在这些不同观点内部及其对中国社会的解释力上，既有共通性也存在差异，而

---

① 中国社会科学院社会学研究所"当代中国社会结构变迁"课题组：《总报告》，载陆学艺主编《当代中国社会阶层研究报告》，社会科学文献出版社，2002，第10~26、43~47页。

② 李强：《中国社会分层结构的新变化》，载李培林、李强、孙立平等著《中国社会分层》，社会科学文献出版社，2002，第33页。

③ 李强：《当前中国社会分层结构变化的新趋势》，《中国社会科学（英文版）》2005年第4期。

④ 李春玲：《断裂与碎片：当代中国社会阶层分化实证分析》，社会科学文献出版社，2005，第10页。

⑤ 李路路：《再生产的延续：制度转型与城市社会分层结构》，中国人民大学出版社，2003，第11~14、200~221页。

且在预测发展趋势上各有所长①。虽然学者们对当代我国分层结构的描述分歧较大，但他们几乎都立足于再分配向市场转型这个大背景，没有将社会分层的结构及变化简单地认作是经济—技术理性的重构结果，而是强调阶层结构在社会和政治的过程中被形塑，它是中国特定制度环境和变革过程的结果②。以上梳理的四种论断都是在 2000 年前后提出，近年来很多分析认为当代中国社会的阶层化特征和趋势已经越来越明显③。

如果说上述观点更多侧重于客观阶层结构，那么近年来学者们开始转向客观阶层结构和主观阶层结构并重。张翼基于对中国社会科学院的 CGSS2008 资料的分析，发现中国的主观阶层（认同阶层）与客观阶层区别较大，农民阶层进入工人阶层的通道被打开但社会上层的开放性不高，越是年青一代越有机会进入非农阶层④。与早先学者局限于通过横向跨国比较发现中国的主观阶层认同"向下偏移"⑤ 相似，最近有学者通过对"中国综合社会状况调查"（CGSS）和"中国社会变迁调查"等纵贯性观测数据的分析，发现认同"下层"或"中下层"的比例偏高，而且还逐年攀升，主观阶层呈纵向"向下偏移"

---

① 周建国：《金字塔还是橄榄球？——中国社会阶层结构变化趋势探析》，《学习与实践》2008 年第 9 期；方长春：《断裂、碎片抑或结构化：对当前中国阶层分化的再认识》，《人文杂志》2008 年第 3 期；李春玲：《断裂与碎片：当代中国社会阶层分化实证分析》，社会科学文献出版社，2005。

② 李路路：《制度转型与社会分层模式变迁》，《江海学刊》2002 年第 5 期。

③ 李路路：《社会分层结构的变革：从"决定性"到"交易性"》，《社会》2008 年第 3 期。

④ 张翼：《中国社会阶层结构变动趋势研究——基于全国性 CGSS 调查数据的分析》，《中国特色社会主义研究》2011 年第 3 期。

⑤ 刘欣：《转型期中国大陆城市居民的阶层意识》，《社会学研究》2001 年第 3 期；赵延东：《"中间阶层认同"缺乏的成因及后果》，《浙江社会科学》2005 年第 2 期；中国社会科学院"当代中国人民内部矛盾研究"课题组：《城市人口的阶层认同现状及影响因素》，《中国人口科学》2004 年第 5 期。

态势①。

第二，建构符合中国社会的分层框架。如前所述，对当代中国分层结构，学界有不同的观点，其中多数经过了经验资料的检验，而少数仍停留在理论"想象"层面。在笔者看来，对分层结构研判的不一致性，譬如到底是"倒丁字型"②还是"洋葱头型"③，其中的"罪魁祸首"在于缺乏一个科学严谨和统一的分层框架（schema of stratification）。正如李路路等指明的那样，"……实际上，很多研究在经验分析中往往一定程度上忽视了社会分层图式的选择或构建，或者更准确地说，并没有把社会分层图式放到一个优先考虑的位置上，而仅仅把它作为众多可选自变量中的一种"④。

目前，国内有代表性的分层框架⑤有四个。

（1）陆学艺框架（LXY）。以职业分类为基础，以组织资源、经济资源和文化资源的占有状况为标准，提出由十大社会阶层和五种社会地位等级组成的分层框架。这十个社会阶层是：国家与社会管理者阶层、经理人员阶层、私营企业主阶层、专业技术人员阶

①　冯仕政：《重返阶级分析？论中国社会不平等研究的范式转换》，《社会学研究》2008 年第 5 期；陈云松、范晓光：《当代中国人的阶层认同——基于全国调查数据的十年追踪研究》，未刊稿，2014；高勇：《地位层级认同为何下移：兼论地位层级认同基础的转变》，《社会》2013 年第 4 期。

②　李强：《当前中国社会分层结构变化的新趋势》，《中国社会科学（英文版）》2005 年第 4 期；张翼、侯慧丽，《中国各阶层人口的数量及阶层结构——利用 2000 年第五次全国人口普查所做的估计》，《中国人口科学》2004 年第 6 期。

③　陆学艺主编《当代中国社会阶层结构研究报告》，社会科学文献出版社，2002；郑杭生主编《当代中国城市社会结构——现状与趋势》，中国人民大学出版社，2004。

④　李路路、陈建伟：《国内社会分层研究综述》，中国社会科学院社会学研究所编《中国社会学年鉴 2007～2010》，社会科学文献出版社，2011，第 22 页。

⑤　除此之外，学者们在界定中产阶层时所采用的分层框架更为丰富，具体可参见刘欣、马磊：《中国中产阶级研究综述》，中国社会科学院社会学研究所主编《中国社会学年鉴 2007～2010》，社会科学文献出版社，2011，第 29～37 页。

层、办事人员阶层、个体工商户阶层、商业服务业员工阶层、产业工人阶层、农业劳动者阶层和城乡无业失业半失业者阶层[①]。

（2）李路路框架（LLL）。基于中国特定制度结构特点，按照阶级阶层与权力、资源多样性和权力多样性、结构多元化的原则，结合新马克思主义和新韦伯主义的分层框架，提出了五分类的框架：①党政机关、企事业单位负责人和中高层管理人员；②专业技术人员；③党政机关、企事业单位的一般管理人员/办事人员；④体力劳动者（工人/农民）；⑤自雇佣者/个体户[②]。最近，李路路等人又以权力—支配关系作为阶层分析的基本维度，基于对工作状况和组织权威关系的直接测量，得到了十个阶层位置和四个阶层（雇主、自雇佣者、非体力雇员和体力雇员）的分层框架[③]。

（3）刘欣框架（LX）。LX框架以公共权力和基于资产产权的市场能力为基础，依据当前中国社会的基本制度以及行政管理等级制、公有资产的委托—代理制、劳动人事身份制、技术等级制等次级制度，划分出两对基本阶层，十七个具体阶层位置，并以此提出由社会上层、新中产上层、新中产下层、小业主和自雇者、技术工人及小职员、非技术工人六个阶层构成的中国城市阶层结构的分析框架[④]。

[①] 中国社会科学院社会学研究所"当代中国社会结构变迁"课题组：《总报告》，载陆学艺主编《当代中国社会阶层研究报告》，社会科学文献出版社，2002，第8~10页；李春玲：《断裂与碎片：当代中国社会阶层分化实证分析》，社会科学文献出版社，2005，第53~127页。

[②] 李路路：《再生产的延续：制度转型与城市社会分层结构》，中国人民大学出版社，2003，第93~102页。

[③] 李路路、秦广强、陈建伟：《权威阶层体系的构建——基于工作状况和组织权威的分析》，《社会学研究》2012年第6期。

[④] 刘欣：《中国城市的阶层结构与中产阶层的定位》，《社会学研究》2007年第6期；刘欣：《公共权力、市场能力与中国城市的中产阶层》，载周晓虹、谢曙光主编《中国研究》，社会科学文献出版社，2010，第121~129页。该分层框架的理论架构和操作原则在此前的文章中有过详细的阐述，例如，（转下页注）

（4）林宗弘—吴晓刚框架（L－W）。根据所有权的排他性、获益性和生产关系的反向依赖性三大特征，把户籍制、单位制、身份制和所有制作为在当前中国社会中发挥作用的生产性资产，进而根据这四种资产将阶级位置分为六大类：农民（受限的劳动力/无技术无权威）、农村干部（受限的劳动力/有技术或权威）、集体单位工人（无组织资产/无技术无权威）、集体单位干部（无组织资产/有技术或权威）、国有单位工人（有组织资产/无技术无权威）和国有单位干部（有组织资产/有技术或权威），提出了一个新的中国分层框架①。

在以上四种分层框架中，除了 LXY 框架更接近阶梯模型（gradational model），其余则属于关系模型（relational model）。在笔者看来，LX、LLL 和 L－W 框架在理论推演方面更为缜密，背后的理论渊源和前提假设更明晰，并且较好地把握了转型过程里中国社会最重要、最基本的社会地位指标。在最近的相关文献中，一些学者不再生硬照搬从西方学界"舶来"的分层框架，开始运用经过"本土化"改造的框架分析中国的社会分层与流动问题②。

第三，转向阶级分析范式。在传统的社会分层理论中，

（接上页注④）刘欣：《当前中国社会结构分化的多元动力基础———一种权力衍生论的解释》，《中国社会科学》2005 年第 4 期；刘欣：《当前中国社会阶层分化的制度基础》，《社会学研究》2005 年第 5 期。基于研究目的考虑，刘欣的研究与早先的框架有细微的变化，但是其背后的理论是一脉相承的。

① 林宗弘、吴晓刚：《中国的制度变迁、阶级结构转型和收入不平等：1978～2005》，《社会》2010 年第 6 期。

② 刘欣：《中国城市的阶层结构与中产阶层的定位》，《社会学研究》2007 年第 6 期；刘欣、朱妍：《中国城市的社会阶层与基层人大选举》，《社会学研究》2011 年第 6 期；李春玲：《如何定义中国中产阶级：划分中国中产阶级的三个标准》，《学海》2013 年第 3 期；仇立平、肖日葵：《文化资本与社会地位获得》，《中国社会科学》2011 年第 6 期；秦广强：《代际流动与外群体歧视——基于 2005 年全国综合社会调查数据的实证分析》，《社会》2011 年第 4 期；宗媛媛、范晓光：《从妻居抑或从夫居？中国城市居民的初婚代间同住研究》，《社会学》2013 年第 2 期。

马克思主义和韦伯主义是两大主要理论流派，经过各自追随者的重新阐释和进一步发展，在 20 世纪七八十年代基本形成了新马克思主义和新韦伯主义两大阵营①。到了 90 年代初，西方的阶级分析遭受了后现代理论的"重创"②，所谓的阶级在许多研究中已经被种族、性别、国家和职业等变量所"解构"。

也正是受后工业主义和后现代主义的挑战，一方面，在新马克思主义和新韦伯主义之外，格伦斯基等③从涂尔干的《社会分工论》中汲取理论灵感，发展出了新涂尔干主义，试图通过职业群体来代替传统的阶级概念。另一方面，不同于共属结构主义取向的新马克思主义、新韦伯主义和新涂尔干主义，文化主义、后现代主义、女性主义等理论也越来越多地被运用到社会分层领域中来。总体而言，新马克思主义和新韦伯主义的理论边界日趋模糊的同时，西方社会分层界理论取向多元化趋势明显。

与西方社会分层研究形成巨大反差的是，目前中国社会面临着日益严峻的贫富分化和社会冲突，阶级分析在中国仍然是一种有效的理论工具。除了 20 世纪 80 年代何建章先生主持的关于中国阶级结构的研究外，曾经在很长时期内，阶级分析作

---

① Grusky, D. B. , *Social Stratification: Class, Race, and Gender in Sociological Perspective* (3rd) (Boulder: Westview Press, 2008), p. 74 – 158.

② Clark, T. N. , S. M. Lipset, and M. Rempel. , "The Declining Political Significance of Social Class," *International Sociology* 8 (1993): 293 – 316; Offe, C. , "New Social Movements: Challenging the Boundaries of Institutional Politics," *Social Research* 52 (1985): 817 – 868; Pakulski, J. , and M. Waters. , *The Death of Class* (London: Sage Press, 1996); Scott, J. , "Social Class and Stratification in Late Modernity," *Acta Sociologica* 45 (2002): 23 – 35.

③ Grusky, D. B. , and J. B. Sørensen. , "Can Class Analysis Be Salvaged?" *American Journal of Sociology* 103 (1998): 1187 – 1234; Weeden, K. A. , and D. B. Grusky. , "The Case for a New Class Map," *American Journal of Sociology* 111 (2005): 141 – 212.

为一种概念工具在学术界几乎销声匿迹①。2000 年以来的十几年间，在理论分析层面，国内学者对重返阶级分析，尤其是重返马克思主义阶级分析的呼声日益高涨②；在实证研究层面，越来越多的学者直接利用阶级分析的工具或视角讨论当下中国的社会运动、投票行为、社会态度和冲突应对等论题③。

第四，探寻社会分层与流动机制。社会分层与流动的机制主要回答分层研究中的第二个基础问题——"为什么得到"，它一直是国内社会分层理论研究的重点之一。目前，已有研究在一定程度上摆脱了"市场转型"争论的影响，制度因素、政府政策、官僚博弈、利益对抗等因素都被开始用来分析中国社

---

① 李路路、陈建伟：《国内社会分层研究综述》，载中国社会科学院社会学研究所编《中国社会学年鉴 2007～2010》，社会科学文献出版社，2011，第 21 页。

② 仇立平：《回到马克思：对中国社会分层研究的反思》，《社会》2006 年第 4 期；仇立平：《阶级分层：对当代中国社会分层的另一种解读——基于学理层面思考的中国阶级分层》，《社会》2007 年第 3 期；仇立平、顾辉：《阶级结构与阶级再生产：结构紧张与分层研究的阶级转向》，《社会》2007 年第 2 期；李友梅、孙立平、沈原主编《当代中国社会分层：理论与实证》，社会科学文献出版社，2006；冯仕政：《重返阶级分析？论中国社会不平等研究的范式转换》，《社会学研究》2008 年第 5 期；秦广强、李路路：《从"经济决定"到"权威支配"：阶级研究的理论转向及内在逻辑》，《中国人民大学学报》2013 年第 6 期；沈原：《社会转型与工人阶级的再形成》，《社会学研究》2006 年第 2 期。

③ 刘欣、马磊：《中国中产阶级研究综述》，载中国社会科学院社会学研究所主编《中国社会学年鉴 2007～2010》，社会科学文献出版社，2011，第 29～37 页；刘欣：《中国城市的阶层结构与中产阶层的定位》，《社会学研究》2007 年第 6 期；刘欣、朱妍：《中国城市的社会阶层与基层人大选举》，《社会学研究》2011 年第 6 期；程金华、吴晓刚：《社会阶层与民事纠纷的解决——转型时期中国的社会分化与法治发展》，《社会学研究》2010 年第 2 期；林宗弘、吴晓刚：《中国的制度变迁、阶级结构转型和收入不平等：1978～2005》，《社会》2010 年第 6 期；沈原：《社会转型与工人阶级的再形成》，《社会学研究》2006 年第 2 期；肖阳、范晓光、雷鸣：《权力作用下中国城市居民的纠纷卷入与应对》，《社会》2014 年第 1 期；王天夫、李博柏：《平等主义国家理想与区隔主义官僚体系：一个社会分层结构的新模型》，《社会》2008 年第 5 期。

会分层结构的形成过程①。笔者将社会分层机制主要归纳为两条主线：（1）制度视角。刘欣提出了有别于市场转型论和权力维续论的"权力衍生论"来解释中国社会阶层结构的形成②。他认为，基于国家政治结构的公共权力在市场化过程中，除了以再分配权力的形式发挥作用外，还衍生出谋取私利的"寻租能力"，从而影响了人们生活机遇的分配，最终再分配权力、寻租能力和市场能力共同构成阶级分化的动力基础。李路路认为，虽然市场化给原来的资源分配过程带来了变化，但是中国转型期的阶层继承性与阶层间的流动仍然是封闭的，或者说继承性代际流动模型仍然是主导模式，其背后是社会集团或社会群体的再生产机制、统治权力机制③。不过，近年来中国阶级阶层关系的变革，呈现出从"决定性"转向"交易性"④。（2）国家视角。李强提出，在中国这样一个"政府主导型社会"中，"社会主义改造""文化大革命""改革开放"三个重大历史时期的国家政策都显著地影响社会分层结构，但具体的影响机制又存在一定差异⑤。在经验研究层面，大量学者均发现再分配时期的社会、政治逻辑仍然在市场转型时期对收入、权力的分配、职业的获得和代内代际流动发挥着重要，甚至是主要作用⑥。总体

① 李路路、陈建伟：《国内社会分层研究综述》，载中国社会科学院社会学研究所编《中国社会学年鉴 2007~2010》，社会科学文献出版社，2011，第 23 页。
② 刘欣：《当前中国社会结构分化的多元动力基础——一种权力衍生论的解释》，《中国社会科学》2005 年第 4 期；刘欣：《当前中国社会阶层分化的制度基础》，《社会学研究》2005 年第 5 期。
③ 李路路：《制度转型与阶层化机制的变迁——从"间接再生产"到"间接与直接再生产"并存》，《社会学研究》2003 年第 5 期；李路路：《再生产与统治——社会流动机制的再思考》，《社会学研究》2006 年第 2 期。
④ 李路路：《社会分层结构的变革：从"决定性"到"交易性"》，《社会》2008 年第 3 期。
⑤ 李强：《试分析国家政策影响社会分层结构的具体机制》，《社会》2008 年第 3 期。
⑥ 梁玉成：《社会变迁研究综述》，载中国社会科学院社会学研究所编《中国社会学年鉴 2003~2006》，社会科学文献出版社，2008，第 186 页。

而言，相关研究涉及的国家政策主要包括教育扩招①、住房改革②、"文化大革命"③、城乡户籍制度④等。

二 从"谁得到什么"到"得到了又怎么样"

进入 20 世纪 90 年代，尤其是 2000 年以来，国内学者试图回答在中国"谁得到什么"和"为什么得到"这两个社会分层领域中最为根本的论题。实际上，在整个研究过程中，社会分

① 郝大海：《中国城市教育分层研究（1949～2003）》，《中国社会科学》2007 年第 6 期；李煜：《制度变迁与教育不平等的产生机制——中国城市子女的教育获得（1966～2003）》，《中国社会科学》2006 年第 4 期；刘精明：《高等教育扩展与入学机会差异：1978～2003》，《社会》2006 年第 3 期；李春玲：《高等教育扩张与教育机会不平等——高校扩招的平等化效应考查》，《社会学研究》2010 年第 3 期；吴晓刚：《1990～2000 年中国的经济转型：学校扩招和教育不平等》，《社会》2009 年第 5 期。

② 边燕杰、刘勇利：《社会分层、住房产权与居住质量——对中国"五普"数据的分析》，《社会学研究》2005 年第 3 期；蔡禾、黄建宏：《谁拥有第二套房？——市场转型与城市住房分化》，《吉林大学社会科学学报》2013 年第 4 期；刘祖云、毛小平：《中国城市住房分层：基于 2010 年广州市千户问卷调查》，《中国社会科学》2012 年第 2 期。

③ 郝大海：《去魅化与市场转型——1949 年后中国大陆理性化过程的历时性分析》，《江苏社会科学》2013 年第 1 期；Li, Yu, Towards a Meritocratic Society? Intergenerational Mobility in Urban China（1966－2003）（Ph. D. diss., Hong Kong University of Science and Technology, 2006）；Zhou, Xueguang, and LirenHou, "Children of the Cultural Revolution: The State and the Life Course in the People's Republic of China," *American Sociological Review* 64（1999）: 12－36。

④ 郑冰岛、吴晓刚：《户口、"农转非"与中国城市居民中的收入不平等》，《社会学研究》2013 年第 1 期；吴晓刚：《1993～2000 年中国城市的自愿与非自愿就业流动与收入不平等》，《社会学研究》2008 年第 6 期；胡建国、李春玲、李炜：《社会阶层结构》，载陆学艺主编《当代中国社会结构》，社会科学文献出版社，2010；李骏、顾燕峰：《中国城市劳动力市场中的户籍分层》，《社会学研究》2011 年第 2 期。

层结构也在经历变革：从"决定性"到"交易性"①。按照李路路的论述，塞勒尼所提出的过去被国家权力"决定的"不同阶层之间的相对位置和相互关系，由于市场化或类市场化机制的大量进入，不仅提供了不同的资源运作形式，而且提供了一种交易和交换的关系，在很大程度上改变了阶层行动者之间的关系——这种关系不再是决定性的而是互动性的。笔者认为，这种分层结构的变革，伴随着城市化、工业化和市场化的推进，速度在不断加快，这促使我们不得不重新去审视既有研究的局限。

当我们在回答"谁得到了什么"和"为什么得到"后，又该如何回答另一个问题——"得到了又怎么样"？如果说前两个问题聚焦于社会阶层结构的基本状况和形成过程的话，那么最后一个问题则集中在社会分层的后果。正如前文所述，在20世纪90年代初，西方社会学界就"阶级分析是否已经一去不复返"有一场声势浩大的学术论辩。该争辩的背后固然离不开后现代理论的兴起和新社会运动高涨的影响，但是，其最深层的原因在于西方国家已经从工业化阶段进入了后工业阶段，其社会结构已经非常稳定。这种稳定的社会阶层结构，一定程度上促使学者不得不转向分析"得到了又怎么样"——社会分层的后果。

然而，在中国这样一个与再分配体制渐行渐远的国家，社会阶层结构必须被置于整个市场转型过程中来考察。目前，中国的阶层结构变迁至少呈现两个特征：一方面，社会结构从"两阶级一阶层"到由十大阶层构成的新社会阶层结构②，从利益群体的分化重组到利益集团的固化，从阶层边界的模糊不清

---

① 李路路：《社会分层结构的变革：从"决定性"到"交易性"》，《社会》2008年第3期。

② 胡建国、李春玲、李炜：《社会阶层结构》，载陆学艺主编《当代中国社会结构》，社会科学文献出版社，2010，第387~422页。

和变动不居到阶层结构化；另一方面，教育政策、产业结构、户籍管理和人口政策等宏观制度设计对社会阶层结构正产生系统性的影响。概言之，新的社会阶层结构在渐趋"固化"的同时，又受到宏观经济社会转型的外力"冲击"。正是由于中国社会结构变迁的独特性，既有研究对许多问题难以给出很好的解答。譬如，如何解释中国社会持续的"阶层认同"下移？何以理解大规模的劳动力流动对阶层结构的影响？如何评估产业变革中社会阶层结构对个体社会生活的"入侵"等问题？按照笔者的理解，这些议题已经超出了"是什么"和"为什么"的传统研究范畴，当然也难以从既有理论中找到现成的答案。

应该说，国内社会分层领域对社会分层后果的研究并没有给予足够的重视。有学者通过对 2007~2010 年中国社会分层研究文献的梳理，发现大部分成果都在关注社会分层结构、教育不平等、收入不平等少数几个议题，而对健康、工作满意度、生活方式、消费模式、社会态度等论题的关注严重不足[1]。笔者在整理了 2010 年以来的近四年里发表在《中国社会科学》《社会学研究》和《社会》的论文后发现，与之前相比，学者所关注的社会分层后果的范围有较大拓展[2]。但是，多数研究仍然停

---

① 李路路、陈建伟：《国内社会分层研究综述》，载中国社会科学院社会学研究所编《中国社会学年鉴 2006~2010》，社会科学文献出版社，2011，第 26 页。

② 程金华、吴晓刚：《社会阶层与民事纠纷的解决——转型时期中国的社会分化与法治发展》，《社会学研究》2010 年第 2 期；高勇：《地位层级认同为何下移：兼论地位层级认同基础的转变》，《社会》2013 年第 4 期；刘爱玉、佟新：《性别观念现状及其影响因素——基于第三期全国妇女地位调查》，《中国社会科学》2014 年第 2 期；李春玲：《寻求变革还是安于现状：中产阶级社会政治态度测量》，《社会》2011 年第 2 期；李骏、吴晓刚：《收入不平等与公平分配：对转型时期中国城镇居民公平观的一项实证分析》，《中国社会科学》2012 年第 3 期；马磊、刘欣：《中国城市居民的分配公平感研究》，《社会学研究》2011 年第 5 期；王甫勤：《社会流动有助于降低健康不平等吗?》，《社会学研究》2011 年第 2 期；肖阳、边燕杰：《中英居民主观幸福感比较研究》，《社会学研究》2014 年第 2 期。

留在将社会阶层变量作为核心自变量讨论对各种结果变量影响的层面，缺乏对中间因果机制的具体阐明，这严重制约着社会分层研究的发展。

笔者认为，在从"谁得到了什么"转向"得到了又怎么样"的过程中，我们务必将个体的阶层地位放在整个阶级阶层结构当中，重视阶层边界的变动带来的分层后果。这里的原因有两方面：其一，在社会分层研究领域，阶层边界的明晰与模糊是衡量社会开放度的风向标，个体在社会结构中的社会关系和经历会对边界渗透产生强化或弱化作用，它是考察社会不平等的基本出发点之一。目前，既有研究对中国社会阶层结构的趋势做了总体的判断，但是在经验层面缺乏直接的检验。与此同时，从研究设计而言，阶级阶层结构的变迁对个体社会生活的影响，很难直接从阶层变量出发直接考察。这就要求学者们从动态边界渗透，即社会流动层面对社会后果加以考察。其二，在阶层结构从"决定性"向"交易性"转向的大背景下，我们要充分重视阶层边界在婚姻家庭和社会交往中所扮演的角色，以及这种边界渗透对社会分层后果的影响。所幸的是，这已经开始引起一些研究者的关注①。

三　本书的基本关怀与内容安排

本书基于"谁得到了什么"朝"得到了又怎么样"转向的最新趋势，围绕着"阶层边界、边界渗透与不平等"这个主题，系统讨论了国内外相关的核心理论争辩，并通过实证

---

① 范晓光：《不对称效应真的存在吗？中国城市居民的代际流动与政治参与》，未刊稿，2014；秦广强：《代际流动与外群体歧视——基于 2005 年全国综合社会调查数据的实证分析》，《社会》2011 年第 4 期；盛智明：《社会流动与政治信任——基于 CGSS2006 数据的实证分析》，《社会》2013 年第 4 期；王甫勤：《社会流动有助于降低健康不平等吗？》，《社会学研究》2011 年第 2 期。

研究分别对社会支持和居住安排在社会分层结构中的形成机制做了探讨。在国内社会分层领域，还有许多洞见已经在大众媒体的传播下被广大民众所接受，然而，在实证研究层面，却缺乏科学和系统的检验，存在这样或那样的不足；同时，一些学者还在扮演者"搬运工"的角色，他们要么在西方理论的基础上增加几个中国的变量，要么直接用中国的经验资料去检验西方的理论。鉴于此，本书更多地致力于对国内外社会分层研究的进展和不足做批判性梳理，并在此基础上展开严谨的实证研究。

除了第一章导论，本书其他内容分为五部分：第二章梳理了阶级分析中的边界和边界渗透等基本概念，揭示了社会封闭、边界渗透与社会流动的内在逻辑关系，并比较分析了新马克思主义、新韦伯主义、符号建构论和资产占有论对边界渗透的解释与论辩，着重对它们的分歧、不足和可能的理论增长点做了讨论。第三章紧接着第二章的内容，围绕着边界渗透的基本特征和理论解释展开，根据 O - E - D 三角范式从理论观点和阐明机制上系统梳理了大量的动态渗透（社会流动）文献，最后对已有文献的理论问题和研究设计提出批评，并结合中国社会现实指出未来研究的可能方向。第四章关注的是市场转型过程中的地位获得研究。通过"忠诚—能力""单位—组织""结构—壁垒""网络—过程"和"教育—再生产"等五个维度的梳理，呈现了国内地位获得的研究经历了个体主义向结构主义的转向。以上三章既不属于宏大理论，也不是经验研究，而是重在厘清脉络和提出问题。

第五章和第六章属于实证研究。其中，第五章通过对上海家庭调查（SHFS 2010）数据的分析，从代际资源流动、跨阶级婚姻和性别角色规范等理论出发，分析中国城市初婚居住安排的影响因素，尝试与来自西方的相关理论进行对话。这是国内关于初婚居住安排最早的定量研究之一。第六章沿着社会结构分析的思路，将社会支持置于儒家文化背景中进行考察，以来自中国大陆、香港和台湾地区的"亚洲民主动态"调查（ABS 2006）资料为依据，探讨现代化、城市化和组织环境等引致的资源分布和个体的阶层地位是如何共同影响民众社会支持网获得的，试图通过比较研究揭示华人社会内部不同的支持网获得机制。

第二章　阶级分析中的边界渗透研究

　　"边界"（boundaries）研究是西方社会科学界的重要议题[1]。与此相关的研究涵盖认知、社会/集体认同、文化资本、专业化权限（professional jurisdictions）、移民、族群身份、群体权利等诸多领域。"边界"作为社会学理论工具箱中的核心概念之一，早在迪尔凯姆、马克思和韦伯等经典社会学家的作品中就有所涉及，它贯穿社会学发展的漫长历史之中。

　　在社会分层研究领域，尤其是阶级分析的传统中，对"边界"的讨论从未停止过[2]。边界的明晰与模糊，是社会开放度（social openness）的风向标，它是学者考察社会不平等的基本

---

[1] Lamont, Michèle, and Virág Molnár., "The Study of Boundaries in the Social Sciences," *Annual Review of Sociology* 28（2002）: 167 - 195; Pachucki, Mark A., Sabrina Pendergrass, and Michèle Lamont., "Boundary Processes: Recent Theoretical Developments and New Contributions," *Poetics* 35（2007）: 331 - 351; Tilly, C., *Identities, Boundaries, and Social Ties*（Boulder: Paradigm Publishers, 2005）.

[2] Bourdieu, P., *Distinction: A Social Critique of the Judgement of Taste*（Cambridge, MA: Harvard University Press, 1984）; Erikson, R., and J. H. Goldthorpe., *The Constant Flux: A Study of Class Mobility in Industrial Societies*（Oxford: Clarendon Press, 1992）; Parkin, F., *Marxism and Class Theory: A Bourgeois Critique*（New York: Columbia University Press, 1979）; Wright, E. O., *Class Counts: Comparative Studies in Class Analysis*（New York: Cambridge University Press, 1997）; Wright, E. O.（Ed.）., *Approaches to Class Analysis*（Cambridge: Cambridge University Press, 2005）; Wright, Erik. Olin., *Envisioning Real Utopias*（London: Verso, 2010）.

出发点。其中，边界的渗透（permeability）由个体在社会结构中的社会关系和经历所强化或弱化[1]，它有助于我们深入理解社会断裂，以评估社会的不平等状况。

本章系统梳理了边界及边界渗透概念，着重考察了 20 世纪 80 年代以来阶级边界渗透研究的主要理论争辩，并在此基础上，对它们的分歧、不足和可能的理论增长点做了讨论。最后，在对已有研究批评的基础上，提出未来研究可能的发展方向。

一 阶级分析中的边界及渗透：
概念界定与厘清

在社会学中，"边界"一般分为社会边界和符号边界两大类。社会边界指的是由于资源和社会机会分配不平等引发的阻隔的不平等形式，而符号边界主要指的是社会行动者对事物、行为甚至时空类别化而形成的概念区隔[2]。在理论上，社会边界的界定与社会分层框架密切相关，而符号边界则主要和生活方式、阶级"秉性"等相关联。边界渗透是阶级分析的基本范式之一[3]，指的是个体跨越阶级社会边界抑或阶级符号边界的过程。它主要包括社会流动、婚姻匹配和社会交往三种形式。

---

[1] Blau, P. M. 1988. "Structures of Social Positions and Structures of Social Relations," *Theory Building in Sociology: Assessing Theoretical Cumulation*, edited by J. H. Turner (CA: Sage), p. 43 – 59; Western, M., and E. O. Wright., "The Permeability of Class Boundaries to Intergenerational Mobility Among Men in the United States, Canada, Norway and Sweden," *American Sociological Review* 59 (1994): 606 – 629.

[2] Lamont, Michèle, and Virág Molnár., "The Study of Boundaries in the Social Sciences," *Annual Review of Sociology* 28 (2002): 167 – 195.

[3] Weeden, K. A., and D. B. Grusky., "The Case for a New Class Map," *American Journal of Sociology* 111 (2005): 141 – 212.

（一）阶级定位与边界的界定

在阶级分析传统中，阶级定位研究主要存在新马克思主义的 Wright 框架和新韦伯主义的 EGP 框架①这两大类。其中，新韦伯主义倾向于以市场能力和工作关系为基础来定义阶级边界②。该分析框架首先以雇佣关系为依据，将职业划分为三大类别，即雇主、自雇者和雇员；然后，进一步根据雇佣关系的形式，即劳动契约（labor contract）、服务契约（service contract）以及介于这两类契约之间的契约类型，把雇员身份职业分为 3 类；最后，再根据技术水平，把每类职业划分成 2~3 类，由此构造了一个包括 13 个职业类别、7 个阶级的分析框架③。这 7 个阶级可以进一步归为上层阶级、小资产阶级、白领中产阶级和蓝领劳工阶级这 4 个阶级。在这一分析框架中，中产阶级由一般专业技术人员、政府公务人员、企业中低级管理人员、技术工人等构成。最近，戈德索普（Goldthorpe）对原有的阶级划分标准做了进一步的说明，以"专业性程度"（asset-specificity）和"监管难易度"（monitoring difficulty）确定各类阶级的位置④。虽然在阶级构成上略有变化，但总体上仍然是 1992 年版本的延续。

在新马克思主义中，赖特（Wright）围绕"剥削"

① 在西方社会分层与流动研究领域，除了这两种框架外，至少还存在 CAMSIS、CSP - CH、ISCO - 88、Treiman's Prestige Scale 等。具体可参见，Bergman, M. M., and D. Joye., "Comparing Social Stratification Schemas: CAMSIS, CSP - CH, Goldthorpe, ISCO - 88, Treiman, and Wright," *Cambridge Studies in Social Research* 9 (2001): 1 - 37。不过，大部分并非阶级分析取向。

② Erikson, R., and J. H. Goldthorpe., *The Constant Flux: A Study of Class Mobility in Industrial Societies* (Oxford: Clarendon Press, 1992); Goldthorpe, J. H., *Social Mobility and Class Structure in Modern Britain* (Oxford: Clarendon Press, 1987).

③ Erikson, R., and J. H. Goldthorpe., *The Constant Flux: A Study of Class Mobility in Industrial Societies* (Oxford: Clarendon Press, 1992), p. 36.

④ Goldthorpe, John H., *On Sociology* (Stanford: Stanford University Press, 2007), p. 101 - 124.

（exploitation）这一核心概念，提出了著名的矛盾阶级地位论（contradictory class location），以人们对生产资料资产、组织资产和技术/资格证书资产的所有权关系构建了当代资本主义社会阶级分析的一般框架。他首先以资产所有权为标准，将人们分为所有者（雇主）和非所有者（雇员）；然后又将所有者进一步以拥有资产的多寡划分为资产阶级、小业主和小资产阶级3个类别；对非所有者进一步按拥有组织资产和技术资产的状况，划分成9个类别。在赖特的分类框架中，中产阶级指的是处于雇员地位的管理人员（具有半文凭资格的管理者、具有半文凭资格的监管人员）和专业技术人员（专家管理人员、专家监管人员、不担任管理工作的专家）。

赖特认为，不论是新马克思主义还是新韦伯主义，与等级阶级分析都有着明显区别，不过新韦伯主义的分析策略嵌入新马克思主义框架。前者属于单一因果路径，基于市场的交换能力；而后者属于多元因果路径，它不仅包括市场能力，还包括剥削（exploitation）和占有（domination）的过程①。也正是因为这种分析路径的差别，戈德索普的阶级边界是单维的，而赖特的阶级边界则是三维的，即财产边界（property boundary）、专家/文凭边界（expertise or credential boundary）和权力边界（authority boundary）。总而言之，两种理论流派在阶级定位上的差异变得越来越模糊不清。

以上两种分层框架所得到的阶级边界属于社会边界的范畴，下文中将讨论符号边界。该概念的提出和推动主要归功于法国社会学家布迪厄。布迪厄认为阶级边界（class boundary）和阶级分化是通过符号实践产生的。边界并非存在于客观现实中，在社会世界的现实中不存在用来对人们进行分类的绝对客观标

① Wright, E. O. （Ed.）, *Approaches to Class Analysis* （Cambridge: Cambridge University Press, 2005）, p. 26 – 27.

准。事实上，"社会行动者并不是被外力机械地推来扯去的
'粒子'"①，他们通过各种日常生活的细节，都在不断地对自己
进行归类，以此寻求与他人的"同"抑或"异"。这种日复一
日的符号化"分类斗争"（classificatory struggles），将社会空间
划分为了不同的因子②。

正如布迪厄所强调的，符号是一种"分隔力量……辨别，
区分，在不可分割的连续体上划出离散的单位，从无差别中
产生差异"③，任何的社会集体都是自我分类与他人分类相结
合的符号实践而产生的后果。符号边界是个体用来进行类型
化的"边线"（line），以表达"我们"好于"他们"④。布迪
厄指出，由资本总量（经济与文化）、资本的构成和演变的
历史轨迹所规定的阶级结构⑤，可以内化为人们独特的"惯
习"，使得个体带着某种阶级秉性（disposition），选择并形
成用以标识自身阶级属性的品味（taste）和生活方式。如此
一来，惯习就成了符号边界的具体形式。其中，掌握符号权
力的统治阶级使其文化合法化，并享有特权，确保社会再生
产。他们通过对文化"隔离带"的构建，对其他阶级实现统
治。

（二）社会封闭、边界渗透与社会流动：概念的厘清

"社会封闭"（social closure）最早由韦伯在《开放与封闭

---

① Bourdieu, P., and L. J. D. Wacquant., *An Invitation to Reflexive Sociology* (Chicago: The University of Chicago Press, 1992), p. 108.

② Bourdieu, P., *Distinction: A Social Critique of the Judgement of Taste* (Cambridge, MA: Harvard University Press, 1984), p. 226 – 256.

③ Bourdieu, P., *Distinction: A Social Critique of the Judgement of Taste* (Cambridge, MA: Harvard University Press, 1984), p. 479.

④ Lamont, M., *Money, Morals, and Manners: The Culture of the French and American Upper-middle Class* (Chicago: University of Chicago Press, 1992).

⑤ Bourdieu, P., *Distinction: A Social Critique of the Judgement of Taste* (Cambridge, MA: Harvard University Press, 1984), p. 114.

的关系》一文中提出①。该理论认为，现代工业社会存在着各种社会封闭机制，它抑制了代际和代内流动，使封闭性的阶级最大化了自身的报酬和机会。韦伯指出事实上任何的群体特征，如宗族、语言、社会起源和宗教都能用来作为"特定的、通常是经济性垄断"的标准。不过，在他的社会分层理论体系中，社会封闭并没有发展为一个重要的概念。新韦伯主义者帕金将其理解为"社会集群（social collectivities）通过把资源和机会获得局限于有特别资格的人的范围之内以达到自身报酬最大化的过程"②。同时，他还概括了社会封闭的两种类型或策略——排斥（exclusion）和篡夺（usurpation）。在资本主义社会，统治阶级主要通过"私有财产占有"和"文凭主义"这两种拒斥方式来获取和保护自己的统治地位。

虽然帕金旗帜鲜明地指出社会封闭理论所采取的是不同于自由主义理论和马克思主义理论的对阶级之间关系的假定，但是"社会封闭"理论早已不再局限于新韦伯主义的范畴，尤其是在阶级分析（新马克思主义和新韦伯主义）经受后现代主义和新涂尔干主义的批评③之后。在与新韦伯主义相提并论的新马克思主义中，社会封闭理论也得到了相应的推广。譬如，赖特对阶级边界的界定除了财产占有外，还包括组织和技术资产（这在上一节已经做了详细的交代），而这些都属于社会封闭的"边界物"。虽然新马克思主义更强调财产占有的基础性作用，但两种

---

① Weber, M., *Economy and Society* (Berkeley: The University of California Press, 1968).

② Parkin, F., *Marxism and Class Theory: A Bourgeois Critique* (New York: Columbia University Press, 1979).

③ Clark, Terry Nichols, and Seymour Martin Lipset., "Are Social Classes Dying?" *International Sociology* 6 (1991): 397 – 410; Grusky, D. B., and J. B. Sørensen., "Can Class Analysis Be Salvaged?" *American Journal of Sociology* 103 (1998): 1187 – 1234; Weeden, K. A., and D. B. Grusky., "The Case for a New Class Map," *American Journal of Sociology* 111 (2005): 141 – 212.

流派都将各种社会壁垒视为阶级意志的表现并将其作为研究的中心之一，这恰恰是阶级分析的根本立场①。

　　阶级分析中的边界渗透，主要就是针对社会封闭而言的。著名的工业化开放理论（liberal theory of industrialism）强调工业化带来绩效原则的普遍推广和流动机会的公平化②，其讨论的核心议题正是阶级边界的渗透。赖特在《后工业社会中的阶级》一书中明确提出阶级边界的渗透性（permeability），并将它细分为动态渗透和静态渗透两类③。前者主要指的是社会流动，后者则是社会关联（social relations）。其中，社会关联又可细分为跨阶级家庭（cross-class families）和跨阶级友谊（cross-class friendships）。由此，我们将边界渗透划分为三大视角（见图2-1）。

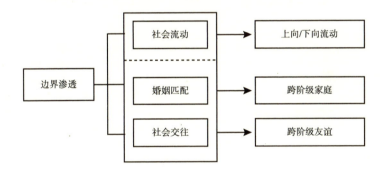

图2-1　边界渗透研究的三大视角

　①　冯仕政：《重返阶级分析？论中国社会不平等研究的范式转换》，《社会学研究》2008年第5期；Wright, Erik Olin., *Class* (London: Verso, 1985)。

　②　Erikson, R., and J. H. Goldthorpe., *The Constant Flux: A Study of Class Mobility in Industrial Societies* (Oxford: Clarendon Press, 1992); Kerr, C., J. T. Dunlop, F. H. Harbison, and C. A. Myers., *Industrialism and Industrial Man: The Problems of Labor and Management In Economic Growth* (Cambridge: Harvard University Press, 1960); Treiman, Donald J., "Industrialization and Social Stratification," *Sociological Inquiry* 40 (1970): 207 – 234.

　③　Wright, E. O., *Class Counts: Comparative Studies in Class Analysis* (New York: Cambridge University Press, 1997), Chapter 5 – 7.

首先来看静态的边界渗透。婚姻匹配是维持社会结构和强化阶级内部团结的重要途径，它直接关系阶级代际传递乃至阶级形成①。就逻辑上而言，跨阶级家庭是婚姻匹配（配对）的结果之一。大量经验研究发现，不论对跨阶级家庭采取何种界定，跨阶级家庭在东西方社会都是一种普遍现象②。而作为社会交往直接后果的跨阶级友谊，同样是阶级边界渗透的重要标志③。虽然根据地位限制命题，级别和等级的分布造成了人们社会交往的结构性机会和限制，人们与处在相似位置上的个体之间的交往机会，要高于与那些位置距离较远的个体的交往机会④；而且对于那些处于较高阶层位置的个体而言，他们更可能接触到资源占有较多的人，形成比来自中低社会阶层群体更为优质的同质化社会网络⑤，但是跨阶级友谊一直是社会分层研究者讨论的焦点。

① Blackwell, D. L. , "Marital Homogamy in the United States: The Influence of Individual and Paternal Education," *Social Science Research* 27 (1998): 159 – 188; Goode, W. J. , "The Theoretical Importance of Love," *American Sociological Review* 24 (1959): 38 – 47; Haller, M. , "Marriage, Women, and Social Stratification: A Theoretical Critique," *American Journal of Sociology* 86 (1981): 766 – 795; Smits, J. , W. Ultee, and J. Lammers. , "Educational Homogamy in 65 Countries: An Explanation of Differences in Openness Using Country-level Explanatory Variables," *American Sociological Review* 63 (1998): 264 – 285.
② Sørensen, A. , "Women, Family and Class," *Annual Review of Sociology* 20 (1994): 27 – 47.
③ Wright, E. O. , and D. Cho. , "The Relative Permeability of Class Boundaries to Cross-class Friendships: A Comparative Study of the United States, Canada, Sweden, and Norway," *American Sociological Review* 57 (1992): 85 – 102; Zang, Xiaowei. , "Social Resources, Class Habitus and Friendship Ties in Urban China," *Journal of Sociology* 42 (2006): 79 – 92.
④ Blau, P. M. , *Inequality and Heterogeneity: A Primitive Theory of Social Structure* (New York: Free Press, 1977), p. 281.
⑤ Blau, P. M. , and J. E. Schwartz. , *Crosscutting Social Circles: Testing a Macrostructural Theory of Intergroup Relations* (NJ: Transaction Publishers, 1997); Laumann, E. O. , *Bonds of Pluralism: The Form and Substance of Urban Social Networks* (New York: John Wiley & Sons, 1973); McPherson, Miller, Lynn Smith-Lovin, and James M. Cook. , "Birds of a Feather: Homophily in Social Networks," *Annual Review of Sociology* 27 (2001): 415 – 444.

下面我们来考察动态渗透。社会流动研究一直是社会学研究的核心领域之一。长期以来，研究主题是通过区分和辨别先赋因素（ascription）和自致因素（achievement），讨论两者在子代的地位获得（主要包括教育和职业）中分别起多大程度的作用。不论是通过比较不同群体的流动机会来探究社会的开放度①，还是通过考察特定阶级的"自我再生产"（self-recruiting）来讨论阶级形成的过程②，抑或比较不同边界类型对社会流动的阻隔作用③，大家都试图去回答一个共同的问题——阶级边界的渗透何以可能？与婚姻匹配和社会交往相比，社会流动视角具有以下特征：（1）强调宏观社会结构的作用。譬如，比较流动研究（comparative mobility research）的核心问题就是探究经济发展阶段、工业化水平、政治经济制度等是如何影响社会流动水平和模式的，而其他视角则更多集中在微观机制的探讨；（2）将边界渗透作为一个过程来研究，能够更全面地观察一个社会不平等的动态变化；（3）对社会开放度的变化更为敏感。在静态渗透中，不论是婚姻匹配还是社会交往，往往受制于"交往同质性""同质婚"④等"铁律"，以至于经验研究不能较好地评估社会开放程度。

---

① Erikson, R., and J. H. Goldthorpe., *The Constant Flux: A Study of Class Mobility in Industrial Societies* (Oxford: Clarendon Press, 1992).

② Savage, M., J. Barlow, P. Dickens, and A. Fielding., *Property, Bureaucracy, and Culture: Middle-class Formation in Contemporary Britain* (London: Routledge, 1992), p. 133.

③ Wright, E. O., *Class Counts: Comparative Studies in Class Analysis* (New York: Cambridge University Press, 1997).

④ McPherson, Miller, Lynn Smith-Lovin, and James M. Cook., "Birds of a Feather: Homophily in Social Networks," *Annual Review of Sociology* 27 (2001): 415 – 444; Kalmijn, M., "Status Homogamy in the United States," *American Journal of Sociology* 97 (1991): 496 – 523; Kalmijn, M., "Intermarriage and Homogamy: Causes, Patterns, Trends," *Annual Review of Sociology* 24 (1998): 395 – 421; Qian, Z., and D. T. Lichter., "Social Boundaries and Marital Assimilation: Interpreting Trends in Racial and Ethnic Intermarriage," *American Sociological Review* 72 (2007): 68 – 94.

二 边界的渗透：主要的理论
解释与论辩

社会分层中有关边界渗透的论辩主要集中在不同阶级边界的渗透程度以及造成这种差异的原因上。各种理论争辩的焦点是：（1）边界是单维的还是多维的？如果不是单维的，那么不同维度的渗透度是否相同？（2）跨越边界的内在机制是什么？（3）到底该如何解释边界渗透？

（一）新马克思主义：剥削产生的差异化边界

在本章的第一部分，笔者对新马克思主义的分析框架做了简要介绍。从该框架出发，可以得到阶级的三个边界：财产边界、专家/文凭边界和权力边界。按照赖特的分析，财产边界的渗透难度最大，权力边界最容易渗透，而专家/文凭边界介于两者中间①。马克思的剥削理论认为，资产的单方面占有赋予了剥削者在物质上的优势，使得剥削者可以占有被剥削者的劳动成果，形成工人阶级和资产阶级不同的阶级利益，并塑造矛盾的阶级立场。另外，剥削又与支配（domination）密不可分，剥削者在劳动过程中通过指挥、监督、威胁等形式实现对劳动力的控制和占有，这种结构性互动导致有产的资本家和无产的工人阶级很难跨越社会交往的阶级壁垒。在赖特看来，由于资金和物质能力的传递性和父代有产者有能力为其子代提供相应的经

---

① Western, M., and E. O. Wright., "The Permeability of Class Boundaries to Intergenerational Mobility Among Men in the United States, Canada, Norway and Sweden," *American Sociological Review* 59 (1994): 606 – 629; Wright, E. O., and D. Cho., "The Relative Permeability of Class Boundaries to Cross-class Friendships: A Comparative Study of the United States, Canada, Sweden, and Norway," *American Sociological Review* 57 (1992): 85 – 102.

济支持，这种财产所有权就成了其子代避免向下流动的"保险"，使得财产边界得以保持。

有别于着重从剥削关系的视角去讨论财产边界的渗透问题，赖特在其他两种边界渗透的分析中更强调阶级位置对生活机遇（life chances）或职业场所交往特征的作用力。关于专家/文凭边界，赖特指出，专业技术人员受到自身专家背景的影响，更可能将教育作为地位获得的渠道，而且他们也更有经济实力对子代教育进行投资。不过，对权力边界来说，组织控制是正式权威等级体系中的位置所赋予的，职位的晋升使非管理者有机会成为管理者，而且工作场所包含不同阶级位置间人们的共同行动①，因此，权力边界是最容易渗透的②。

在比较不同边界渗透程度时，赖特以利益原则作为个体社会生活的根本驱动力。以代际流动为例，阶级地位越高的家庭越可能给子代提供更优越的教育条件，其间的自选择是以人的理性假设为前提的。这种对利益机制的阐释以及在解释阶级行动时对博弈论和"搭便车"理论的使用，却不可避免地使其理论蒙上了一层"理性选择马克思主义"的色彩③。

要而言之，由于新马克思主义的分层框架包括三个维度的控制权，使其能够比较不同阶级边界的渗透程度。然而，也正

---

① 赖特将此称为互动机会（interaction opportunity），详见 Wright, E. O., and D. Cho., "The Relative Permeability of Class Boundaries to Cross-class Friendships: A Comparative Study of the United States, Canada, Sweden, and Norway," *American Sociological Review* 57 (1992): 85 – 102。

② Western, M., and E. O. Wright., "The Permeability of Class Boundaries to Intergenerational Mobility among Men in the United States, Canada, Norway and Sweden," *American Sociological Review* 59 (1994): 606 – 629.

③ 李路路、秦广强、陈建伟：《权威阶层体系的构建——基于工作状况和组织权威的分析》，《社会学研究》2012 年第 6 期。

因为这样，赖特的边界渗透研究重点在于通过比较渗透度去检验分层框架本身对不同阶级的区分度和解释力，以此更多地为阶级分析的"存在"辩护而非直接考察社会的开放度和不平等。

（二）新韦伯主义：市场能力产生的渗透差异

在新韦伯主义传统中，社会阶级的定位以市场能力和工作关系为基础[1]。戈德索普强调指出，服务阶级与身居高位的资产阶级和处于低位的工人阶级之间都存在明晰的边界。由于服务阶级具有自我权力（authority）和专门知识（specialized knowledge and expertise），雇主面临着权力的让渡和专门知识的借鉴，组织中的社会控制不得不被弱化[2]。而且，他们在薪酬机制、就业保障以及退休待遇等职业机会（career opportunities）上都比工人阶级优越得多[3]。虽然服务阶级比地位较低的阶层有着更多的"奔头"（prospects），但是他们终究是一个没有所有权（propertyless）的被雇者[4]。

韦伯将阶级分析置于资本主义市场情境之中，认为市场是生

---

① Erikson, R., and J. H. Goldthorpe., *The Constant Flux: A Study of Class Mobility in Industrial Societies* (Oxford: Clarendon Press, 1992); Goldthorpe, J. H., *Social Mobility and Class Structure in Modern Britain* (Oxford: Clarendon Press, 1987).

② Goldthorpe, John H., "On the Service Class, Its Formation and Future," *Class and the Division of Labour: Essays in Honour of Ilya Neustadt*, edited by A. Gddens and G. MacKenzie (Cambridge: Cambridge University Press, 1982), p. 168.

③ Erikson, R., and J. H. Goldthorpe., *The Constant Flux: A Study of Class Mobility in Industrial Societies* (Oxford: Clarendon Press, 1992), p. 41 – 42.

④ Goldthorpe, John H., "On the Service Class, Its Formation and Future," *Class and the Division of Labour: Essays in Honour of Llya Neustadt*, edited by A. Gddens and G. MacKenzie (Cambridge: Cambridge University Press, 1982), p. 168 – 169; Goldthorpe, John H., "The Service Class Revisted," *Social Change and the Middle Classes*, edited by T. Butler, and M. Savage (London: Routledge, 1995), 315.

活机遇不平等的主要来源①。新韦伯主义在阶级渗透研究中，更强调交换关系中市场能力的作用和影响。按照戈德索普的最新理论，区分工作最重要的维度是"专业性程度"（asset-specificity）和"监管难易度"（monitoring difficulty）②。在现代工业化社会，许多工作需要特殊的技能和知识，雇主不得不想方设法把具有相应"专业化程度"的雇员留住；与此同时，有的工作具有相当大的自主权，信息的不对称又使得雇员被监管的难度较大。不过，这些问题几乎都可以通过界定服务关系予以解决。界定服务关系的劳动契约规定了具体工作努力程度与薪水之间的交换关系，以此控制雇员的劳动，并激励他们按照雇主的利益行事③。雇佣关系理论（employment relationship）认为，诸如此类的契约形塑了各职业群体不同的生活方式和行为模式。这些差异不仅存在于不同阶级之间，而且还能在服务阶级内部找到④。

和新马克思主义侧重不同边界的渗透程度相异的是，新韦伯主义主要将着力点放在服务阶级内部以及服务阶级与工人阶级之间的"渗透"上。专业技术人员和其原来所处的劳动力市场联系更紧密，他们更可能维持中产阶级地位；管理者群体更为开放，善于吸纳劳动力市场的"老手"，提供的保障要低一些，而且向下流动的概率相对较高；小资产阶级相对封闭，但不仅吸收了许多工人，还吸引了一定量的管理人员，比专业技

① Weber, M., *Economy and Society* (Berkeley: The University of California Press, 1968).
② Goldthorpe, John H., *On Sociology* (Stanford: Stanford University Press, 2007), p. 101 – 124.
③ Breen, R., "Foundations of a Neo-Weberian Class Analysis," *Approaches to Class Analysis*, edited by Erik Olin Wright (Cambridge: Cambridge University Press, 2005), p. 37.
④ Goldthorpe, John H., "The Service Class Revisted," *Social Change and the Middle Classes*, edited by T. Butler, and M. Savage (London: Routledge, 1995), p. 313 – 329.

术人员要开放①。在服务阶级上层和非技术体力工人中，前者的
父代阶级属性与其自身相同的比例明显高于后者②。那些出身
"其他"阶级家庭的子代大多处于非中产的位置；在中产阶级
的后代中，父代是专业技术人员、管理者和小资产阶级的比例
较高③。

　　此外，学者们从阶级成员与自己的初级社会关系以及一般
意义上的社会交往方式来考察边界渗透④。有研究发现，亲属在
工人阶级的交往模式中所发挥的作用比在高级专业行政管理人员
中的更大。高级专业行政管理人员和工人阶级在休闲伙伴的选择
上，阶级内选择的倾向最明显⑤。最亲密朋友的阶级构成的排外
倾向更为明显，稳定的高级专业行政管理人员的朋友来自本阶级
的比例是来自体力工人阶级的 16 倍⑥。另外，从组织参与方面
看，高级专业行政管理人员选择休闲伙伴或朋友的范围一般局限
于类似的阶级地位，而工人阶级似乎缺乏这种社会交往模式⑦。

---

① Savage, M., J. Barlow, P. Dickens, and A. Fielding., *Property, Bureaucracy, and Culture: Middle-class Formation in Contemporary Britain* (London: Routledge, 1992), p. 139 – 146.

② Goldthorpe, J. H., *Social Mobility and Class Structure in Modern Britain* (Oxford: Clarendon Press, 1987), Table 2. 1.

③ Savage, M., J. Barlow, P. Dickens, and A. Fielding., *Property, Bureaucracy, and Culture: Middle-class Formation in Contemporary Britain* (London: Routledge, 1992), Table 7. 5.

④ Blackburn, R. M., and K. Prandy., "The Reproduction of Social Inequality," *Sociology* 31 (1997): 491 – 509; Goldthorpe, J. H., *Social Mobility and Class Structure in Modern Britain* (Oxford: Clarendon Press, 1987).

⑤ Goldthorpe, J. H., *Social Mobility and Class Structure in Modern Britain* (Oxford: Clarendon Press, 1987), Table 7. 1.

⑥ Goldthorpe, J. H., *Social Mobility and Class Structure in Modern Britain* (Oxford: Clarendon Press, 1987), Table 7. 2.

⑦ Goldthorpe, J. H., *Social Mobility and Class Structure in Modern Britain* (Oxford: Clarendon Press, 1987), Table 7. 7.; Li, Yaojun., M. Savage, and A. Pickles., "Social Change, Friendship and Civic Participation," *Sociological Research Online* 8 (2003): http://www.socresonline.org.uk/8/3/li.html.

还有研究发现，户主为专业技术人员的家庭与户主为经理的家庭之间存在着若即若离的交往模式，管理人员比干部的跨地位友谊（cross-status friendships）要强，不过管理权力仍然起着阶层隔离的作用①。

总体而言，新韦伯主义以"市场能力"为核心概念，强调不论是社会流动还是社会交往，不同阶级所呈现的边界渗透程度存在差异，而且不同国家表现出一定的相似性。和赖特一样，戈德索普等人也试图通过引入理性选择理论（RAT），建构出"B-G 模型"以弥补个体能力与渗透之间的理论"真空"②。然而，这种对市场能力与边界渗透相关联的解释，一直受到不少学者的批评。一言以蔽之，该阐明机制有经济化约主义之嫌，它实际上是用抽象的理性或利益，来替代实际生活中被文化规定了的、具有历史具体性的理性或利益③。

---

① Bian, Yanjie, Ronald Breiger, Deborah Davis, and Joseph Galaskiewicz., "Occupation, Class, and Social Networks in Urban China," *Social Forces* 83 (2005): 1443 – 1468; Zang, Xiaowei., "Social Resources, Class Habitus and Friendship Ties in Urban China," *Journal of Sociology* 42 (2006): 79 – 92.

② Breen, R., and J. H. Goldthorpe., "Explaining Educational Differentials: Towards a Formal Rational Action Theory," *Rationality and Society* 9 (1997): 275 – 305; Breen, R., and M. Yaish., "Testing the Breen-Goldthorpe Model of Educational Decision Making," *Mobility and Inequality: Frontiers of Research in Sociology and Economics*, edited by S. L. Morgan, D. B. Grusky, and G. S. Fields (Stanford: Stanford University Press, 2006); Erikson, R., and J. O. Jonsson (Eds.), *Can Education Be Equalized: the Swedish Case in Comparative Perspective* (Boulder, CO: Westview Press, 1996); Jonsson, J. O., D. B. Grusky, M. Di Carlo, R. Pollak, and M. C. Brinton., "Microclass Mobility: Social Reproduction in Four Countries," *American Journal of Sociology* 114 (2009): 977 – 1036; Stocké, V., "Explaining Educational Decision and Effects of Families' Social Class Position: An Empirical Test of the Breen-Goldthorpe Model of Educational Attainment," *European Sociological Review* 23 (2007): 505 – 519.

③ Bourdieu, P., and L. J. D. Wacquant., *An Invitation to Reflexive Sociology* (Chicago: The University of Chicago Press, 1992), p. 115 – 140.; Crompton, R., *Class and Stratification* (Cambridge: Polity Press, 2008), p. 127 – 131.

（三）符号建构论：社会实践中的边界形塑

布迪厄在批判马克思主义实体论的阶级概念的基础上，整合了阶级分析主观与客观、阶级结构与阶级行动、自在阶级与自为阶级以及经济与文化之间的二分和对立，提出了"场域＋惯习＝日常生活"的逻辑思路①。正是这种独特的逻辑思路②，为另辟蹊径开展边界渗透研究提供了可能。

惯习（habitus）是布迪厄阶级分析中的核心概念之一。惯习是各种位置之间存在的客观关系的网络或构型（configuration），是一系列客观而共同的社会规则、集体价值的内化，它以下意识而持久的方式体现在个体行动上，表现为具有文化特色的思维、认知和行动③。惯习使得外部的环境（经济或社会地位等）被内化为个体的抱负（aspiration）和期望（expectation）。通过引入惯习，布迪厄试图在社会空间与实践之间建立一条间接的因果链条④。"惯习"不像形而上学概念一样抽象，而是象征化、符号化地体现为产生行动的"建构中的结构"（structuring structure）。惯习作为一套持久的性情系统，"不仅是'建构中的结构'，它将行动和行动感知组织起来，也是'被结构化的结构'（structured structure），合理阶级的形成的本质正是社会阶级自身内化的产物"⑤。这两种"结构"正是

---

① 刘欣：《阶级惯习与品味：布迪厄的阶级理论》，《社会学研究》2003年第6期。

② Martin, J. L. , "What Is Field Theory？" *American Journal of Sociology* 109 (2003): 1 - 49.

③ Bourdieu, P. , and L. J. D. Wacquant. , *An Invitation to Reflexive Sociology* (Chicago: The University of Chicago Press, 1992), p. 94 - 115.; Bourdieu, P. , *The Logic of Practice* (Stanford: Stanford University Press, 1990), p. 52 - 65.

④ Weininger, E. B. , "Foundations of Pierre Bourdieu's Class Analysis," *Approaches to Class Analysis*, edited by Erik Olin Wright (Cambridge: Cambridge University Press, 2005), p. 90.

⑤ Bourdieu, P. , *Distinction: A Social Critique of the Judgement of Taste* (Cambridge, MA: Harvard University Press, 1984), p. 170.

"惯习"的两个面向①。在布迪厄看来，某个社会空间中位置的典型特征就是阶级处境（class condition），人们经历这些处境会在身上留下一系列性情（disposition）的烙印②。譬如，不同的阶级轨迹③（向上流动轨迹、向下流动轨迹和摇摆不定轨迹）给人们带来乐观主义抑或悲观主义的态度，这种变化轨迹可能产生所谓的"惯习"④。在布迪厄的理论系谱中，社会阶级并非单单通过人们在生产关系中所处的位置来界定，而是通过阶级惯习来界定的。由此，"惯习"在无形中就构建了阶级之间的符号边界（symbolic boundaries）。

布迪厄进一步指出，"惯习"作为一种性情系统，难以被直接观测，但它可以体现为生活方式，尤其是消费行为。通过对各种消费实践和偏好资料的分析，布迪厄指出，代表生活方式的各种指标所呈现的结构与社会阶级结构具有高度的一致性。譬如，工人阶级的生活方式主要是以"对必需品的品味"为主，这就促使其首先考虑的是功能而非形式，更强调艺术具有道德含义，更会要求获得能与本阶级整体一致的选择；而小资产阶级的生活方式则表现为一方面渴望追求资产阶级的生活方式，另一方面又感觉因经济与文化资本不足而难以达致⑤。

---

① Swartz, D., *Culture and Power: the Sociology of Pierre Bourdieu* (Chicago: University of Chicago Press, 1997), p. 113.

② Weininger, E. B., "Foundations of Pierre Bourdieu's Class Analysis," *Approaches to Class Analysis*, edited by Erik Olin Wright (Cambridge: Cambridge University Press, 2005), p. 92.

③ 戈德索普曾经将社会流动作为一种经历来讨论，这种经历操作化为 awareness of mobility、mobility ideologies、significance of mobility。不过，此种经历有别于布迪厄的"惯习"。

④ Bourdieu, P., *Distinction: A Social Critique of the Judgement of Taste* (Cambridge, MA: Harvard University Press, 1984), p. 123 – 124.

⑤ Weininger, E. B., "Foundations of Pierre Bourdieu's Class Analysis," *Approaches to Class Analysis*, edited by Erik Olin Wright (Cambridge: Cambridge University Press, 2005), p. 93 – 94.

　　然而,边界的制度化程度由阶级之间的冲突所决定,它取决于参与争斗的社会利益集团的符号权力,社会利益集团正是借助这种权力使其对社会分化的认识合法化①。事实上,享有相同生活机遇的人们不论是通过沟通还是持续的社会互动,都不足以形成一个社会群体,除非他们认识到大家同属于一个群体,并具有共同的利益。按照布迪厄的说法,"符号暴力"(symbolic violence)将一个场域中的价值观、权力分配的规则通过某种温和而合法的方式强加于每一位参与者。一旦参与者的世界观、价值观被操纵,那么统治就会以"非暴力"的方式实现。于是,当符号边界被"法条化"(codification)后,这些边界就具有了很强的坚固性和持久性。

　　布迪厄认为,在现代工业化社会,直接继承式的阶级再生产传统模式已经被正式教育所替代。按照他的观点,统治阶级成员将对其子女进行"文化资本"②(cultural capital)投资,作为保障他们成功的有力渠道③。学校通过正规教育实现主文化的再生产(reproductive),并由此在教育系统内保障符号暴力的垄断,促进权力关系结构的再生产。经历过"恰到好处"(proper)文化社会化的学生在中小学乃至大学教育中更容易脱颖而出④。总的

---

① 刘欣:《阶级惯习与品味:布迪厄的阶级理论》,《社会学研究》2003 年第 6 期;Weininger, E. B., "Foundations of Pierre Bourdieu's Class Analysis," *Approaches to Class Analysis*, edited by Erik Olin Wright. (Cambridge: Cambridge University Press, 2005), p. 102 - 103.; Weininger, E. B., "Class and Causation in Bourdieu," *Current Perspectives in Social Theory*, edited by Jennifer M. Lehmann. (Greenwich, CT: JAI Press, 2002), p. 49 - 114。

② 有关文化资本如何进入英语世界以及对其的系统性评述,可参见 Lareauand Weininger 的相关研究。

③ Bourdieu, P., and J. C. Passeron., *Reproduction in Education*, *Society and Culture* (CA: Sage Publications, 1977).

④ Weininger, E. B., "Class and Causation in Bourdieu," *Current Perspectives in Social Theory*, edited by Jennifer M. Lehmann (Greenwich, CT: JAI Press, 2002), p. 49 - 114.

来说，文化资本不仅扮演着维持阶级边界的"守门人"角色，同时也是被统治阶级实现边界渗透的"武器"①。

总的来说，布迪厄对阶级的分析试图在经验分析的逻辑一致性原则之上，从方法论上整合结构主义（structuralist）与建构主义（constructivist）的视角②。他认为，综合取向的社会实践理论（social praxeology）将"世俗表现搁置一旁，先建构各种客观结构……其次，引入行动者的直接体验，以揭示从内部构建其行动的各种知觉和评价的范畴"③。布迪厄的努力是社会学理论中的"文化转向"在阶级分析中的直接反映，他试图揭示由文化要素主导的"符号边界"的形成过程以及它的形成对个体"渗透"抑或"不渗透"的推动力。虽然符号建构论一直希望和结构主义划清界限，但是在"惯习""场域"和"符号暴力"等术语的背后，仍然游荡着结构论的"幽灵"④。与布迪厄相比，英国社会学家塞维奇（Savage）没有提出独树一帜的概念体系，他主要借鉴了赖特和布迪厄的思想，提出了具有整合意味的"资产占有论"。

（四）资产占有论：阶级形成中的边界再生产

塞维奇所提出的资产占有论（asset-based approach），是对

---

① DiMaggio, P. , "Cultural Capital and School Success: The Impact of Status Culture Participation on the Grades of US High School Students," *American Sociological Review* 47 (1982): 189 – 201; DiMaggio, P. , "Social Stratification, Life-style, and Social Cognition," *Social Stratification: Class, Race, and Gender in Sociological Perspective*, edited by D. B. Grusky (Colorado: Westview Press, 2001); Scherger, S. , and M. Savage. , "Cultural Transmission, Educational Attainment and Social Mobility," *The Sociological Review* 58 (2010): 406 – 428.

② Bourdieu, P. , *Distinction: A Social Critique of the Judgement of Taste* (Cambridge, MA: Harvard University Press, 1984), p. 483.

③ Bourdieu, P. , and L. J. D. Wacquant. , *An Invitation to Reflexive Sociology* (Chicago: The University of Chicago Press, 1992), p. 11.

④ Sewell Jr, W. H. , "A Theory of Structure: Duality, Agency, and Transformation," *American Journal of Sociology* 98 (1992): 1 – 29.

布迪厄相关理论的拓展。新马克思主义强调生产领域的"剥削"是阶级边界形成的基石，同时也是决定财产边界最为"坚固"的根本所在。然而，塞氏正是以该核心概念作为突破口进行理论创新，为文化论辩护。

在塞维奇看来，社会阶级首先是稳定的社会集团（social collectivities），成员们拥有共同的收入和报酬，共同的生活方式、文化、政治取向等，这些共性可能导致社会行动并推动社会的整体变革。然而，一个社会集团要成为社会阶级，在根本上离不开剥削过程。塞维奇指出，马克思的"剥削"概念虽经罗默、赖特等大量学者的扩展和改造①，但是，仍然存在一些明显的不足，它最大的困难在于如何回答"特定的剥削和特殊的社会集团之间的相互联系是如何形成的"②。因为那些即便在剥削关系中同处一个类属的人们也并非必然形成社会集团。塞维奇断言，要寻求困难解决的最佳方案，就必须要考虑剥削阶级何以将其从被剥削阶级那里得到的利益"储存"（store）起来，也只有这样才能实现相应的转移和累积。而这就需要对剥削的不同类型加以区分。

塞维奇强调组织是推动阶级形塑的资产（asset），它的存在使得身处高位者得以"占有"下属的劳动③。塞氏对"矛盾阶级论"的批评主要集中在"组织资产"和"技术/资格证书

① Roemer, J. E. , *A General Theory of Exploitation and Class* (Cambridge: Harvard University Press, 1982); Sørensen, A. B. , "Toward a Sounder Basis for Class Analysis " *American Journal of Sociology* 105 (2000): 1523 – 1558; Wright, Erik Olin. , *Class* (London: Verso, 1985).

② Savage, M. , J. Barlow, P. Dickens, and A. Fielding. , *Property, Bureaucracy, and Culture: Middle-class Formation in Contemporary Britain* (London: Routledge, 1992), p. 6.

③ Savage, M. , *Class Analysis and Social Transformation* (Buckingham: Open University, 2000), p. 121 – 147.

资产"上：（1）赖特假定资格证书（文凭）基于技术资产，在组织中担当决策和管理岗位则基于组织资产。而塞氏认为事实并非如此。他提出了一个反例，即做决策的个体也可能基于技术资产，而具有文凭的工人可能依靠的恰好是组织资产；（2）组织资产和技术资产在经验分析中很难确定孰轻孰重；（3）组织资产不像生产资料那样具有可继承性；（4）赖特并没有就技术资产如何像财产、组织那样实现剥削给出很好的解释①。

由此，塞维奇将布迪厄的"文化资本""场域"和"惯习"等概念纳入他的分析框架。他认为，赖特的技术资产并不是剥削的维度之一，它应该被放在一个文化的场域中加以界定，因为文化资本的产生可被视作遵循其自身规范的剥削形式②。于是，技术资产在这里就成了文化资产。和组织资产不同的是，文化资产可以用"惯习"的形式被"保存"。资产占有论的核心内容可以做如下表述：文化资产借助组织资产或生产资料资产成为剥削的一个维度以实现物质回报，组织资产使上级得以剥削下级，而财产性资产是阶级形成的根基③。

根据资产占有论的逻辑，文化资产可以通过"惯习"保存，并且它能够使子代在组织和官僚体系中获取经济回报，以

① Savage, M., J. Barlow, P. Dickens, and A. Fielding., *Property, Bureaucracy, and Culture: Middle-class Formation in Contemporary Britain* (London: Routledge, 1992), 14 - 16.

② Savage, M., J. Barlow, P. Dickens, and A. Fielding., *Property, Bureaucracy, and Culture: Middle-class Formation in Contemporary Britain* (London: Routledge, 1992), 16.

③ Butler, Tim., "The Debate over the Middle Classes," *Social Change and the Middle Classes*, edited by T. Butler, and M. Savage (London: UCL Press, 1995), 26 - 36; Savage, M., J. Barlow, P. Dickens, and A. Fielding., *Property, Bureaucracy, and Culture: Middle-class Formation in Contemporary Britain* (London: Routledge, 1992), 17 - 18.

确保父代的阶级地位能够顺利地"传递"给子代，对阶级边界
的渗透起到阻隔作用[①]。我们不难发现，这里面存在一个资产类
型的转换和积累机制。塞维奇等人在分析"资本、资产和资
源"的关系时，强调马克思的资本积累局限于经济领域，可事
实上它存在于不同的场域，而且渠道各不相同[②]。譬如，从父母
那里习得的文化资本可以转化为子女在学校教育中的成功，甚
至还能够变成劳动力分工中的优势。不过，戈德索普批评指出，
其实目前许多的研究结论都是建立在对布迪厄文化资本的"误
用"的基础上获得的，未能将文化资本与文化资源、个体能力
等做相应的分离[③]。

三 结语：对边界渗透研究的批评及展望

如上所述，新马克思主义和新韦伯主义所秉承的理论传统
不尽相同，不过两者都属于典型的结构主义取向，而与其竞争
的是以布迪厄和塞维奇等为代表的文化主义取向。[④] 两种取向对
阶级边界的研究视角和边界形式都存有一定分歧，并对这些差
异有着各自不同的理论解释（见表 2 - 1）。

---

① Scherger, S., and M. Savage., "Cultural Transmission, Educational Attainment and Social Mobility," *The Sociological Review* 58 (2010): 406 - 428.

② Savage, Mike, Alan Warde, and Fiona Devine., "Capitals, Assets, and Resources: Some Critical Issues," *The British Journal of Sociology* 56 (2005): 31 - 47.

③ Goldthorpe, J. H., "'Cultural Capital': Some Critical Observations," *Sociologica* (2007): 1 - 22.

④ 其实，阶级分析就是关于"社会不平等及相关社会现象系统化的结构性解释"。笔者将四种理论"强行"归入两大阵营，似乎有违阶级分析的本意。然而，这种类型化的主要目的在于对已有理论的内在异质性做一个表达。

表 2 - 1 边界渗透研究的理论比较

	赖特	戈德索普	布迪厄	塞维奇
研究视角				
社会流动	＋＋	＋＋＋	＋＋	＋＋＋
婚姻匹配	＋＋	＋	＋	＋
社会交往	＋＋	＋＋	＋	＋
边界形式				
单维		√	√	√
多维	√			
分析思路	结构—渗透度—渗透	结构—生活机遇—渗透	结构—"惯习"—渗透	结构—资产占有—渗透
解释逻辑	①生产资料占有关系形成不同的阶级利益,导致矛盾的阶级立场;②组织控制是正式权威等级体系中的位置所赋予的,职位的晋升使权力边界容易渗透;③专业技术人员更可能也更有经济实力对子代教育进行投资	①雇佣关系和市场能力界定的阶级间有明晰的边界;②不同阶级影响成员生活机遇;③服务阶级内部的边界渗透存在变异	①惯习使得外部的环境(经济或社会地位等)被内化为个体的抱负和期望,是结构与行动的中介;②文化资本是实现边界渗透的核心动力;③教育是优势阶级实现阶级统治的工具	①剥削阶级将其剥削获得的利益"储存"起来,实现相应的转移和累积;②文化资产借助组织资产/生产资料资产实现物质回报,组织资产使上级得以剥削下级,而财产性资产是阶级形成的根基;③边界渗透直接作用于阶级形成

注:表中以"＋"表示重要程度,在此基础上"＋"为一般,"＋＋"为比较重要,"＋＋＋"为非常重要。

结构论强调社会边界,重点从生产关系或市场能力去探讨边界的形成与渗透,边界是用客观标准来划定的,倾向于客观主义和自然主义的立场，理性选择是基本分析工具①。而文化论强调符号边界，用"惯习"作为探究边界渗透的理论武器，采取"日常生活实践"的立场。在理论解释上，结构论强调理性选择或博弈论，有较强的经济学气息，而文化论则强调"惯习""场域"和文化资本的推动力，文化社会学的意味更浓。

具体而言，在研究视角上，赖特对静态渗透和动态渗透的选择上没有明显的偏好，戈德索普则主要倾向采取社会流动视角，对社会交往视角也较为重视；布迪厄和塞维奇对婚姻匹配和社会交往视角几乎没有涉及。在边界的形式上，除了赖特采取三维度外，其他理论都属于单维度分析。在讨论"边界渗透何以可能"时，赖特强调不同边界的渗透度的异质性影响各阶层的边界跨越；戈德索普主要将"生活机遇"② 作为边界渗透因果链的中介点，重视服务阶级内部的职业渗透；布迪厄有别于典型的结构主义者，他认为惯习是边界形成和渗透的主要动力；塞维奇指出文化资产、组织资产和财产资产共同形塑阶级，决定了是否产生边界渗透。在解释逻辑上，赖特是"剥削和渗透度差异逻辑"，戈德索普是"契约和理性选择逻辑"，布迪厄是"惯习和文化资本逻辑"，而塞维奇属于"阶级形成逻辑"。

结合社会流动视角、婚姻匹配和社会交往视角，笔者对边界渗透研究的理论做出如下批评，并在此基础上提出未来可能的发展方向。

第一，理论流派争论的核心问题是阶级边界渗透的内在机制，也就是个体如何跨越阶级边界的问题。结构论在强调结构

---

① Boudon, R., *Education, Opportunity, and Social Inequality: Changing Prospects in Western Society* (New York: Wiley, 1974); Savage, M., Alan Warde, and Fiona Devine., "Capitals, Assets, and Resources: Some Critical Issues," *The British Journal of Sociology* 56 (2005): 31 – 47.

② "生活机遇"是阶级分析的六个基础性问题之一，它在新韦伯主义中的作用尤为重要。

对渗透的影响时，往往对作为"被结构"方的个体能动性（agency）重视不足，将个体作为结构的依附①。然而，结构并非是单维和直线式地发挥作用，其中的发生机制与具体的制度设计和历史阶段都密不可分，并存在"结构二重性"②。同时，结构论看到人的理性（尤其是经济理性）对阶级跨越与维持的作用力③，但对历史抑或文化的作用的讨论有待加强。在学界，不论是经济学还是社会学领域，对理性人假设都给予了诸多批评④。按照理性假设的逻辑，在绩效主义盛行的市场经济中，异质婚和社会交往的异质性理应成为"大多数"，因为这种阶级渗透有利于利益最大化，但是这仅仅是理论"想象"而已，难以得到经验资料的支持⑤。

尽管文化论是在批判结构论的基础上提出的，但是没有因此完全摆脱结构主义的束缚。以"惯习"为例，它属于"心智结构"的范围，是一种"主观性的社会结构"——即与客观结构（场域）相联系的非纯粹的主观性，具有个体性和社会性双

---

① 吴晓刚：《中国的户籍制度与代际职业流动》，《社会学研究》2007 年第 6 期；吴晓刚：《1993~2000 年中国城市的自愿与非自愿就业流动与收入不平等》，《社会学研究》2008 年第 6 期。

② Giddens, A., *The Constitution of Society*: *Outline of the Theory of Structuration* (Cambridge: Polity Press, 1984), p. 1 – 40.

③ Elster, J., *Alchemies of the Mind*: *Rationality and the Emotions* (Cambridge: Cambridge University Press, 1999); Hedström, P., and C. Stern., "Rational Choice and Sociology," in *The New Palgrave Dictionary of Economics* (2nd)., edited by L. Blume and S. Durlauf (New York: Palgrave Macmillan, 2008).

④ 王国成：《西方经济学理性主义的嬗变与超越》，《中国社会科学》2012 年第 7 期；Kroneberg, Clemens, and Frank Kalter., "Rational Choice Theory and Empirical Research: Methodological and Theoretical Contributions in Europe," *Annual Review of Sociology* 38 (2012): 73 – 92。

⑤ McPherson, J. M., and L. Smith-Lovin., "Homophily in Voluntary Organizations: Status Distance and the Composition of Face-to-face Groups," *American Sociological Review* 52 (1987): 370 – 379; McPherson, Miller, Lynn Smith-Lovin, and James M. Cook., "Birds of a Feather: Homophily in Social Networks," *Annual Review of Sociology* 27 (2001): 415 – 444.

重特征。然而，尽管布迪厄号称自己的理论要抛弃客观主义或经济决定论，不过对惯习形成的结构动力却没有交代清楚①。概言之，结构论有结构化约主义之嫌，而文化论又难逃社会结构的束缚。

第二，大多研究力图寻求理论上的差异，对理论的实质性关联缺乏重视。这一批评是在第一点的基础上提出来的。正如本章第二节中所阐明的那样，结构论强调客观结构不仅对阶级边界的形成具有决定作用，并且对实现跨越阶级边界的决定作用是毋庸置疑的。而文化论基于"惯习""场域"和"文化资本"等核心概念，认为阶级边界的形成和渗透就是一个充满"符号暴力"的实践过程。文化论批判理性选择，指出该理论的重心倾向于抽象、僵化的个体，这将阻碍其发现个体之间的交往关系，以及个体和他们的生存环境之间的对象性、互为生成的辩证关系。

然而，从经验研究看，研究者对这两种理论争辩不断，对它们的共通之处却避而不谈。虽然一个理论的衰微必然会伴随另一种理论的强盛②，从西方社会理论的发展趋势看，伴随着结构论的式微，文化论的强势已然凸显。不过，在笔者看来，边界渗透研究的旨趣是通过考察边界的形成及跨越过程，以揭示社会的不平等。结构论和文化论在这个问题上并没有太大分歧。我们应该注意到，两种理论流派在机制解释上各有所长，如果要深入地探讨社会边界和符号边界的关系，仅仅选择某一理论视角或理论视角的某一方面都显片面。由此，将它们结合起来或许是一种双赢的选择。

第三，强调从中观或微观层面审视边界渗透，但对阶级

---

① 刘欣：《阶级惯习与品味：布迪厄的阶级理论》，《社会学研究》2003 年第 6 期。

② 周怡：《解读社会：文化与结构的路径》，社会科学文献出版社，2004，第 26 ~ 28 页。

形成（class formation）缺乏理论回应。阶级边界渗透的终极理论关怀是"阶级分析何以可能"，边界的形成与否直接关系到阶级形成。以社会流动为例，该视角主要基于社会流动研究中的 O－E－D 框架（家庭出身—教育—子代地位）讨论子代地位到底如何获得，呈现阶级边界的跨越，以此揭示社会的不平等，但是对阶级形成缺乏应有关注。置于阶级分析中的边界渗透研究，过度微观化很可能弱化其理论关怀。

20 世纪 90 年代中期以来，面对后现代主义的"阶级死亡"论、"阶级政治消亡"论等持续不断地抨击[1]，微观取向成为拯救"阶级分析"的重要策略，如有学者提出了放弃大阶级框架而采取职业分层框架[2]。然而，阶级分析的核心是基于社会关系定义的结构性位置，是关于社会不平等及相关社会现象系统化的结构性解释[3]，边界渗透研究的"微观化"很可能背离阶级分析的主旨[4]。事实上，作为勾勒结构性位置的"边界"，它深深根植于政治、经济和社会的制度之中。我们有必要通过与群

---

[1]　Clark, Terry Nichols, and Seymour Martin Lipset. , "Are Social Classes Dying?" *International Sociology* 6 (1991): 397 – 410; Offe, C. , "New Social Movements: Challenging the Boundaries of Institutional Politics," *Social Research* 52 (1985): 817 – 868; Scott, J. , "Social Class and Stratification in Late Modernity," *Acta Sociologica* 45 (2002): 23 – 35.

[2]　Grusky, D. B. , K. A. Weeden, and J. B. Sørensen. , "The Case for Realism in Class Analysis," in *Political Power and Social Theory*, edited by Diane E (Davis: Emerald Group Publishing Limited, 2001), p. 291 – 305; Jonsson, J. O. , D. B. Grusky, M. Di Carlo, R. Pollak, and M. C. Brinton. , "Microclass Mobility: Social Reproduction in Four Countries," *American Journal of Sociology* 114 (2009): 977 – 1036; Weeden, K. A. , and D. B. Grusky. , "The Case for a New Class Map," *American Journal of Sociology* 111 (2005): 141 – 212; Weeden, K. A. , and D. B. Grusky. , "The Three Worlds of Inequality," *American Journal of Sociology* 117 (2012): 1723 – 1785.

[3]　李路路、秦广强、陈建伟：《权威阶层体系的构建——基于工作状况和组织权威的分析》，《社会学研究》2012 年第 6 期。

[4]　Manza, Jeff, and Michael A. McCarthy. , "The Neo-Marxist Legacy in American Sociology," *Annual Review of Sociology* 37 (2011): 155 – 183.

体边界、族群身份等其他边界的比较后，去考察阶级边界如何型塑个体行为、影响不平等状况等问题，并借此捍卫阶级分析范式。

第四，从组织层面入手的边界渗透研究还较为缺乏。早在 2000 年，塞维奇就提出组织分析和文化研究将成为阶级分析未来发展的两个重要方向[1]。以往大多阶级分析者将组织视为阶级的"基石"（base），而不重视组织形式的多元化和复杂性。尽管塞氏提出这个期望已经过去了十年有余，但是学界除了少数的声音外[2]，总体上没有给予应有的回应。而且，就国内社会分层界而言，大家对英国学者塞维奇的关注还明显不够。

正如笔者在本章第二节中所提及的，赖特在考察不同类型边界渗透度的时候，就明确指出个体在组织中的位置会影响其社会流动机会和社会交往模式。在组织社会学中，新制度主义分析的核心是影响个体选择的制度与结构要素[3]，这与结构论的分析思路不谋而合。借助新制度主义分析，将阶级边界跨越置于组织视域，应该能够对目前的边界渗透研究有拓展作用。

---

[1] Savage, M., *Class Analysis and Social Transformation* (Buckingham: Open University, 2000), p. 123 – 125.

[2] 余红、刘欣：《单位与代际地位流动：单位制在衰落吗?》，《社会学研究》2004 年第 6 期；Weeden, K. A., and D. B. Grusky., "The Case for a New Class Map," *American Journal of Sociology* 111 (2005)：141 –212.

[3] Lounsbury, M., and M. Ventresca., "The New Structuralism in Organizational Theory," *Organization* 10 (2003)：457 – 480；Meyer, J. W., and B. Rowan., "Institutionalized Organizations: Formal Structure as Myth and Ceremony," *American Journal of Sociology* 83 (1977)：340 – 363；Suddaby, R., "Challenges for Institutional Theory," *Journal of Management Inquiry* 19 (2010)：14 – 20.

第三章 边界渗透何以可能：社会
流动的视角及其最新进展[*]

如第二章所述，赖特将边界渗透分为静态渗透和动态渗透两大类，后者主要指的就是社会流动。在 20 世纪 60 年代后的半个多世纪里，社会流动研究的发展经历了四代[①]。如果将社会流动研究[②]划分为流动过程和流动后果两大领域的话，边界渗透的社会流动视角以过程研究为主。和传统的社会流动研究关注"工业化、现代化与社会流动""政治制度与社会流动"等较为宏大的议题[③]

[*] 本章初稿成文于 2012 年 11 月。非常感谢笔者的博士生导师刘欣教授给予的悉心指导，同时感谢桂勇、周怡、黄荣贵、俞志元、胡安宁、张江等各位师友的批评与建议。在本书写作过程中，笔者在初稿基础上进行了修改与调整，文责自负。

[①] Ganzeboom, Harry B. G. , Donald J. Treiman, and Wout C. Ultee. , "Comparative Intergenerational Stratification Research: Three Generations and Beyond," *Annual Review of Sociology* 17 (1991): 277 – 302; Treiman, Donald J. , and Harry B. G. Ganzeboom. , "The Fourth Generation of Comparative Stratification Research," *The International Handbook of Sociology*, edited by Stella R. Quah and Arnaud Sales (London: Sage, 2000), p. 123 – 150.

[②] 在社会学研究中，广义的社会流动包括代际流动和代内流动（职业流动）。在近年来的国际社会学文献中，社会流动多采用狭义的定义，它仅指代际间社会地位的流动（李煜：《代际流动的模式：理论理想型与中国现实》，《社会》2009 年第 6 期）。本章对社会流动的探讨主要集中于代际流动。

[③] Breen, R. (Ed.). , *Social Mobility in Europe* (Oxford: Oxford University Press, 2004); Erikson, R. , and J. H. Goldthorpe. , *The Constant Flux: A Study of Class Mobility in Industrial Societies* (Oxford: Clarendon Press, 1992); Hout, M. , and T. A. DiPrete. , "What We Have Learned: RC28's Contributions to Knowledge about Social Stratification ," *Research in Social Stratification and Mobility* （转下页注）

不同，"社会流动—边界渗透"视角更加关注中观或微观层面，尤其是比较阶层内部和阶层之间的边界跨越。在探究边界渗透影响因素时，结构取向主要以具体的制度（教育政策、福利政策等）为切入点①，进行不同时期和跨国（地区）比较研究；而文化取向主要考察文化资本对子代教育地位和阶级地位获得的作用力大小。

根据结构论和文化论的脉络梳理已有文献，将涉及大量的经验研究。在此，笔者借用社会流动研究的基本框架（见图 3-1），将文献梳理出三条脉络：（1）"家庭出身—子代地位"过程（O-D）；（2）"家庭出身—教育—子代地位"过程（O-E-D）；（3）"家庭出身—教育获得"过程（O-E）。在每一条脉络上，主要涉及三块内容：（1）边界渗透的主要经验发现；（2）影响边界渗透的关键原因和主要理论解释；（3）研究的最新趋势。当然，考虑到社会流动研究的每一次推进都与研究方法的创新密不可分，笔者还将对相关的统计模型和技术做简要的回溯。

一 继承的不平等：基于"家庭出身— 子代地位"过程的分析

在地位获得模型中，教育被视作现代社会中代际社会地位

（接上页注③）24（2006）：1-20；Müller, W., and W. Karle., "Social Selection in Educational Systems in Europe," *European Sociological Review* 9（1993）：1-23.

① Beller, Emily, and Michael Hout., "Welfare States and Social Mobility: How Educational and Social Policy May Affect Cross-national Differences in the Association between Occupational Origins and Destinations," *Research in Social Stratification and Mobility* 24（2006）：353-365；Breen, Richard., "Educational Expansion and Social Mobility in the 20th Century," *Social Forces* 89（2010）：365-388；Shavit, Y., and H. P. Blossfeld（Eds.）, *Persistent Inequality: Changing Educational Attainment in Thirteen Countries. Social Inequality Series*（Boulder, Co: Westview Press, 1993）.

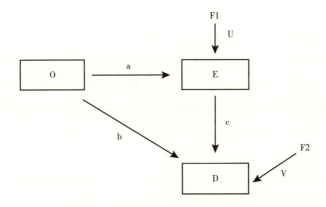

图 3 - 1　社会流动视角的基本框架

注：图中 F1 是指家庭背景之外的影响教育的各种因素，
F2 为独立于家庭背景和教育之外的影响子代地位的因素。

传承的主要方式和机制[1]，其解释力在社会分层研究中往往作为衡量社会开放程度的主要指标。不过，通过"家庭出身—子代地位"（O‐D）去讨论社会整体上的流动性与继承性，一直是社会流动分析的传统路径。如前所述，社会流动视角的边界渗透关注阶级之间的边界跨越，更强调从中观和微观层面考察阶级内部的地位继承差异。

　　总体而言，与其他阶级相比，服务阶级的后代在代际流动中具有明显的优势[2]。戈德索普通过对 1972 年英格兰和威尔士

---

① Blau, Peter M., and Otis Dudley Duncan., *The American Occupational Structure* (New York: The Free Press, 1967).

② Erikson, R., and J. H. Goldthorpe., *The Constant Flux: A Study of Class Mobility in Industrial Societies* (Oxford: Clarendon Press, 1992); Erikson, R., and J. H. Goldthorpe., " Has Social Mobility in Britain Decreased? Reconciling Divergent Findings on Income and Class Mobility," *The British Journal of Sociology* 61 (2010): 211 - 230; Goldthorpe, J. H., and M. Jackson., "Intergenerational Class Mobility in Contemporary Britain: Political Concerns and Empirical Findings," *The British Journal of Sociology* 58 (2007): 525 - 546; Savage, M., J. Barlow, P. Dickens, and A. Fielding., *Property, Bureaucracy, and Culture: Middle-class Formation in Contemporary Britain*(London: Routledge, 1992).

居民的职业流动资料的分析，发现在服务阶级上层中，父代同属此阶级的占到 24.2%；不过，在非技术体力工人中，该比例则高达 39.3%[①]。1987 年英国大选调查（BGES）的分析表明，74.9% 出身"其他"阶级家庭的孩子处在非中产的位置；中产阶级的后代中，父代是专业技术人员、管理者和小资产阶级的比率分别为 57.5%、48.8% 和 40.6%[②]。专业技术人员的孩子（尤其是女儿）比管理人员在保持中产阶级地位上略胜一筹，而且，前者倾向于直接"子承父业"，后者则更愿意从事专业技术型职业[③]。

戈德索普发现，由于对专业技术人员和管理者的需求扩大，使得大量背景各异的个体进入，许多人的教育程度偏低，从而导致服务阶级构成不够稳定，难以采取统一的阶级行动[④]。然而，塞维奇对戈氏的论断做了修正，强调服务阶级的社会流动存在内部异质性[⑤]。就专业技术人员而言，他们在职业生涯中经常进入管理岗位，但他们的职业却表现出比管理者强得多的稳定性，可以说被形塑得更加"团结"[⑥]。

① Goldthorpe, J. H., *Social Mobility and Class Structure in Modern Britain* (Oxford: Clarendon Press, 1987), Table 2.1.
② Savage, M., J. Barlow, P. Dickens, and A. Fielding., *Property, Bureaucracy, and Culture: Middle-class Formation in Contemporary Britain* (London: Routledge, 1992), Table 7.5.
③ Cheng, Yuan, and Jianzhong Dai., "Inter-generational Mobility in Modern China," *European Sociological Review* 11 (1995): 17–36; Savage, M., J. Barlow, P. Dickens, and A. Fielding., *Property, Bureaucracy, and Culture: Middle-class Formation in Contemporary Britain* (London: Routledge, 1992), p.146–149.
④ Goldthorpe, J. H., *Social Mobility and Class Structure in Modern Britain* (Oxford: Clarendon Press, 1987), p.172–173.
⑤ Savage, M., J. Barlow, P. Dickens, and A. Fielding., *Property, Bureaucracy, and Culture: Middle-class Formation in Contemporary Britain* (London: Routledge, 1992), p.139–146.
⑥ 李春玲：《十大社会阶层的来源与流动》，载陆学艺主编《当代中国社会流动》，社会科学文献出版社，2004，第 138~179 页；李春玲：《断裂与碎片：当代中国社会阶层分化实证分析》，社会科学文献出版社，2005，（转下页注）

在转型国家的代际流动研究中，亦有与西方发达国家类似的经验发现。李春玲通过对 2001 年全国抽样调查数据的分析，发现专业技术人员的代际传递性较强，其子女成为专业技术人员的概率很高。现有专业技术人员中，父亲职业为专业技术人员的人所占比例（19.8%）是其平均分布比例（3.5%）的 5.7 倍[1]。李路路等发现，父代是管理人员、技术人员和办事人员的人，同样成为管理人员、技术人员和办事人员的发生概率较高，即成为中产阶级的可能性很高[2]。不过，受到"再分配—市场"转型的二元逻辑的影响，"内源中产阶级"（更多延续再分配体制特征的中产阶级）的阶级地位比"外生中产阶级"（在更加市场化的体制中产生发展的中产阶级）更具代际传递性。而且，初职为干部的人更可能成为私营企业主[3]。优势阶层子女在初职地位获得上的优势呈现"跳级"和"保底"效应：一是在只有低教育程度的条件下，有更多的机会避免从事最低的非技术体力的工作；二是在拥有中等教育程度的条件下，有更多的机会进入专业技术等非体力阶层，或者很少落到非技术体力这一城

（接上页注⑥）第 379~382 页；Fielding, T., "Migration and Middle-class Formation in England and Wales, 1981 - 1991," *Social Change and the Middle Classes*, edited by T. Butler, and M. Savage（London：UCL Press, 1995），p. 169 - 187；Goldthorpe, John H., "On the Service Class, Its Formation and Future," *Class and the Division of Labour: Essays in Honour of Ilya Neustadt*, edited by A. Gddens and G. MacKenzie（Cambridge：Cambridge University Press, 1982）；Li, Yaojun., "Falling off the Ladder? Professional and Managerial Career Trajectories and Unemployment Experiences," *European Sociological Review* 18（2002）：253 - 270；Mills, C. 1995. "Managerial and Professional Work Histories," *Social Change and the Middle Classes*, edited by and M. Savage Butler（London：UCL Press, 1995），p. 95 - 116。

① 李春玲：《断裂与碎片：当代中国社会阶层分化实证分析》，社会科学文献出版社，2005。

② 李路路、李升：《"殊途异类"：当代中国城镇中产阶级的类型化分析》，《社会学研究》2007 年第 6 期。

③ 林宗弘、吴晓刚：《中国的制度变迁、阶级结构转型和收入不平等：1978 ~ 2005》，《社会》2010 年第 6 期。

镇职业地位最低的阶层①。当然,也有研究发现,专业技术精英很少转变为管理精英,反之亦然②。可以说,中国的代际流动基于权力经济资本或知识资本的继承效应的社会流动樊篱始终都较为稳固地存在着,同时还出现了在精英认同基础上的等级效应的社会流动樊篱③。

以上主要考察了不同阶层间地位传递的具体差别。概言之,虽然不同国家和地区的总和流动率(total rates)参差不齐,但是,地位传递的阶层差异呈现类似的特征。此外,这种代际地位跨越的不同还体现在渗透模式上。

赖特通过美国、加拿大、瑞典和挪威的比较研究,发现财产边界流动渗透性要小于技能边界和权力边界,而技能边界渗透性又小于权力边界;工人向专业人员/小资产者的渗透性要大于工人向雇主的渗透性④。彭玉生通过对1972年牛津社会流动调查(Oxford Social Mobility Inquiry)的分析,发现财产边界比技术边界更为"坚固",后者是代际不平等再生产的主要维度,而权力缺乏继承性。同时,大量财富拥有者通过职业化将后代的物质资本转化为人力资本,以实现地位的再生产⑤。该发现支持了新马克思主义学者早先的结论。

与西方工业化国家(主要指新马克思主义)强调阶级边

---

① 李煜:《家庭背景在初职地位获得中的作用及变迁》,《江苏社会科学》2007年第5期。

② Walder, A. G. , B. Li, and D. J. Treiman. , "Politics and Life Chances in a State Socialist Regime: Dual Career Paths into the Urban Chinese Elite, 1949 to 1996," *American Sociological Review* 65 (2000): 191 – 209.

③ 高勇:《社会樊篱的流动——对结构变迁背景下代际流动的考察》,《社会学研究》2009年第6期。

④ 埃里克·奥林·赖特:《后工业社会中的阶级》,辽宁教育出版社,[1997] 2004,第178~212页。

⑤ Peng, Yusheng. , "Intergenerational Mobility of Class and Occupation in Modern England: Analysis of a Four-way Mobility Table," *Research in Social Stratification and Mobility* 18 (2001): 277 – 312.

界不同维度的渗透模式有所区别的是，转型国家的研究更关注精英阶层内部的流动模式。目前，主要存在三种理论观点。

第一，精英二元论。该理论强调管理精英和专业技术精英拥有截然不同的社会流动路径。早在 1995 年，魏昂德最早提出该理论，并在后来的研究中不断深化和改进。他认为，进入中国管理精英的途径有具备高学历和良好的政治素质，而进入专业精英的途径是具备学历但不要求政治资本，高级专业技术人员不是"再分配精英"，中国的精英群体是分裂的①。中国的职业流动机制是对政治体制的忠诚原则和现代职业流动的能力原则的混合体，两者既有结合又有区分②。最近，魏昂德等指出体制转型和市场改革并没有扰乱中国代际流动的模式，原先在毛泽东时代被排除出党和管理岗位的前革命精英将精英地位传递给子代的水平相当高，而且干部精英的后代继承精英地位的比例也较高③。许多学者在该理论的基础上做了拓展和补充④，但都未能超越该理论。

第二，精英分化论。该理论强调在不同的市场渗透时期，精英的社会流动呈现分化的格局。塞勒尼认为不平等不是再分配经济抑或市场经济的固有属性，并将人力资本视为市场转型

---

① Walder, Andrew. , "Carrer Mobility and the Communist Political Order," *American Sociological Review* 60 (1995): 309 – 328.

② Walder, A. G. , B. Li, and D. J. Treiman. , "Politics and Life Chances in a State Socialist Regime: Dual Career Paths into the Urban Chinese Elite, 1949 to 1996," *American Sociological Review* 65 (2000): 191 – 209.

③ Walder, A. G. , and S. Hu. , "Revolution, Reform, and Status Inheritance: Urban China, 1949 – 1996," *American Journal of Sociology* 114 (2009): 1395 – 1427.

④ Bian, Yanjie, Xiaoling Shu, and John R. Logan. , "Communist Party Membership and Regime Dynamics in China," *Social Forces* 79 (2001): 805 – 841; Zang, Xiaowei. , "University Education, Party Seniority, and Elite Recruitment in China," *Social Science Research* 30 (2001): 62 – 75.

中对阶级再生具有决定作用的要素①。他从制度主义视角切入，构建了市场渗透（market penetration）的三种类型，即再分配经济中的市场、社会主义混合经济和资本主义导向的经济②。在不同类型的市场制度中，精英的流动机会和渠道策略存在明显差异。在再分配经济下的地方市场类型中，市场提供了新的向上流动的渠道，传统再分配经济中的下层有可能成为成功者。在社会主义混合经济中，私营经济获得了合法性的地位，大批原来的干部精英进入了市场经济领域，并将官僚特权"商品化"，逐渐在经济上和政治上改变了自己的权力基础。在趋向资本主义的市场经济中，原来的干部精英发生了分化，其中一部分具有文化资本的技术干部精英已经在经济体制转型过程中重建了自己的权力基础，优势地位仍然保持下来；那些过去占有优势地位的群体在混合经济时期完成了经济资本的原始积累和地位基础的转变，他们继续保持优势地位；而部分不具有文化资本的行政干部精英被新出现的市场主体排挤了出去或到了边缘位置而成为失败者③。

第三，精英代际转化与阶层再生论。郑辉和李路路指出，在市场转型过程中，中国不同类型的精英群体（行政干部精英、技术干部精英、专业技术精英）通过精英排他与精英代际转化，形成了一个团结的、合作的、没有分割的精英阶层，实现了精英阶层的再生产；精英排他与精英代际转化的双重作用共同促

---

① Szelényi, I., and E. Kostello., "The Market Transition Debate: Toward a Synthesis?" *The American Journal of Sociology* 101 (1996): 1082 - 96; Szelényi, Iván and Bill Martin., "Three Waves of New Class Theories," *Theory and Society* 17 (1988): 645 - 667.

② Szelényi, I., and E. Kostello., "The Market Transition Debate: Toward a Synthesis?" *The American Journal of Sociology* 101 (1996): 1082 - 1096.

③ Eyal, G., I. Szelényi, and E. R. Townsley., *Making Capitalism Without Capitalists: Class Formation and Elite Struggles in Post-communist Central Europe* (London: Verso Books, 1998).

成了精英阶层的形成与再生产①。不过，李煜提出改革以后中国
社会（特别是城镇社会）的社会流动趋势和模式是市场化和再
生产"双重流动机制"下的菱形结构模式。即，市场化和地位
再生产的逻辑同时存在于当前的中国社会，但对社会不同群体
的效能却并不相同，上层的精英阶层和社会底层多表现为家庭
地位继承的流动模式，向上或向下的机会都不多，而处于中间
阶层的大量普通社会成员受益于市场化进程带来的社会开放性，
其流动模式趋向自由竞争模式，他们会拥有较多的流动机会②。
吴愈晓提出"精英文化的代际传承"观点，"旧式精英"（新中
国成立前的政治或经济精英）和"新式精英"（新中国成立后
再分配经济时期的政治或经济精英）家庭背景的农民，改革后
进入非农职业的几率都比较高③。

　　总体而言，不论是精英二元论、精英分化论还是精英代际
转化与阶层再生论，都可以归入国家庇护流动模式④中去。当
然，任何一种代际流动模式都与特定的制度环境和经济社会变
迁密不可分。这恰如李煜所论及的那样，"具体到某一社会流动
形态，往往表现出多重特征"⑤。通过对渗透模式的比较研究，
学者们试图透视在转型过程中社会不平等的发生，预测可能的
趋势。

　　在边界渗透的文献中，"家庭出身—子代地位"（O－D）过

---

① 郑辉、李路路：《中国城市的精英代际转化与阶层再生产》，《社会学研究》
　2009 年第 6 期。
② 李煜：《代际流动的模式：理论理想型与中国现实》，《社会》2009 年第 6
　期。
③ 吴愈晓：《家庭背景、体制转型与中国农村精英的代际传承（1978～1996）》，
　《社会学研究》2010 年第 2 期。
④ 李煜：《代际流动的模式：理论理想型与中国现实》，《社会》2009 年第 6 期；
　Titma, M. , N. B. Tuma, and K. Roosma. , "Education as a Factor in Intergenerational
　Mobility in Soviet Society," *European Sociological Review* 19 (2003): 281–297。
⑤ 李煜：《代际流动的模式：理论理想型与中国现实》，《社会》2009 年第 6
　期。

程研究更注重对不同阶级内部成员的边界跨越的探讨，这有别于传统社会流动分析中对整体社会流动率的跨国比较与评估[①]。而且，在研究方法上，O-D 过程研究主要使用趋向的流动表分析策略[②]。随着被称为第四代流动分析模型的 CMLR 方法[③]的应用，想必将有利于相关研究的推进，也将对宏观层面的社会流动研究做出有益的补充。

笔者对 O-D 过程研究的批评主要集中在以下三点：第一，O-D 过程研究仍然有"只顾头尾"之嫌，将重点放在呈现"是什么"上，而对造成边界渗透阶层差异的内在机制缺乏有效的挖掘。在这一点上，O-E 和 O-E-D 视角与其形成鲜明的反差。第二，在边界渗透模式研究中，转型国家的文献将重点放在政治和经济变迁对阶级地位传承的作用，非常重视国家的影响，不过却忽视了对不同边界渗透程度的关注。第三，该视角在分析地位继承不平等的原因时，对文化资本要素的分析还明显不够。在为数不多的文献中，对文化资本的操作化和测量也过于粗糙。

---

① Erikson, R. , and J. H. Goldthorpe. , "Has Social Mobility in Britain Decreased? Reconciling Divergent Findings on Income and Class Mobility," *The British Journal of Sociology* 61 （2010）: 211 – 230; Li, Yaojun. , and F. Devine. , "Is Social Mobility Really Declining? Intergenerational Class Mobility in Britain in the 1990s and the 2000s," *Sociological Research Online* 16 （2011）: http: //www. socresonline. org. uk/16/3/4. html; Van Leeuwen, M. H. D. , and I. Maas. , "Historical Studies of Social Mobility and Stratification," *Annual Review of Sociology* 36 （2010）: 429 – 451; Xie, Yu. , and A. Killewald. "Historical Trends in Social Mobility: Data, Methods, and Farming," University of Michigan, 2010, http: //www. psc. isr. umich. edu/pubs/pdf/rr10 – 716. pdf .

② 李煜：《社会流动的研究方法：指标与模型》，《社会学》2009 年第 4 期。

③ Dessens, J. A. G. , W. Jansen, H. B. G. Ganzeboom, and P. G. M. Van Der Heijden. , "Patterns and Trends in Occupational Attainment of First Jobs in the Netherlands, 1930 – 1995: Ordinary Least Squares Regression Versus Conditional Multinomial Logistic Regression," *Journal of the Royal Statistical Society*: *Series A* (*Statistics in Society*) 166 （2003）: 63 – 84.

二　宏观制度与微观决策：基于"家庭出身—教育获得"过程的分析

教育（E）处于父代社会经济地位（O）和子代社会经济地位（D）的中间位置。在 O - E 过程研究中，教育往往作为因变量。如前文中的图 3 - 1 所示，F1 指的是独立于家庭出身的影响要素，主要包括工业化/现代化程度、教育制度、个体能力等。在社会流动的第二代传统中，研究者主要通过考察教育获得，以检验工业化/现代化假设[①]。然而，在第三代社会流动传统出现后，尤其是 2000 年以降，学者们的重要转向是从教育扩张分析教育地位获得，以考察阶级边界的渗透。

20 世纪中期以来，许多国家采取了高等教育扩张的策略，提供更多的大学教育机会，同时在高校录取制度方面进行诸多改革，希望以此减少高等教育机会分配的不平等程度，最终消解整个社会的不平等，促进社会地位的阶级跨越。然而，经验发现所揭示的现实并非与政策设计者的初衷完全吻合。就目前而言，主要存在三种观点：（1）正效应。该论点认为教育扩张有助于公平程度的维持或提高[②]。（2）负效应。该论点认为教

① Ganzeboom, Harry B. G. , Donald J. Treiman, and Wout C. Ultee. , "Comparative Intergenerational Stratification Research: Three Generations and Beyond," *Annual Review of Sociology* 17 （1991）: 277 - 302.

② Breen, R. , R. Luijkx, W. Müller, and R. Pollak. , "Nonpersistent Inequality in Educational Attainment: Evidence from Eight European Countries," *American Journal of Sociology* 114 （2009）: 1475 - 1521; Breen, Richard. , "Educational Expansion and Social Mobility in the 20th Century," *Social Forces* 89 （2010）: 365 - 388; Erikson, R. , and J. O. Jonsson. , "Explaining Class Inequality in Education: The Swedish Test Case," *Can Education be Equalized: The Swedish Case in Comparative Perspective*, edited by R. Erikson and J. O. Jonsson （Oxford: Westview Press, 1996）, p. 1 - 63; Henz, U. , and I. Maas. , "Chancengleichheit Durch Die Bildungsexpansion?" *Kolner Zeitschrift fur Soziologie und Sozialpsychologie* 47 （1995）: 605 - 633; （转下页注）

育扩张不仅没有促进平等化，反而导致不平等程度上升。它最早由雷夫特里和霍特系统地提出[1]。该研究基于爱尔兰的经验资料，认为现代社会的教育分层模式具有明显的稳定性，除非较高阶层的入学需求达到饱和，以至于进一步的教育扩张通过增加较低阶层的入学机会来实现，否则无法改变社会出身（social origin）对转换率（transition rates）和不平等的作用。而后，在许多国家有类似的研究发现[2]。（3）混合效应。该观点指出教育扩张对社会公平的作用可能因为教育阶段和政策执行时期的不同而不同。支持该论点的经验发现主要源自对苏联、东欧、中国等转型国家的研究[3]。

（接上页注[2]）Kuo, Hsiang-Hui Daphne, and Robert M. Hauser. , "Trends in Family Effects on the Education of Black and White Brothers," *Sociology of Education* 68 (1995): 136 – 160; Mare, R. D. , "Change and Stability in Educational Stratification," *American Sociological Review* 46 (1981): 72 – 87; Shavit, Y. , and K. Westerbeek. , "Reforms, Expansion, and Equality of Opportunity," *European Sociological Review* 14 (1998): 33 – 47; Vallet, LA. , "Change in Intergenerational Class Mobility in France from the 1970s to the 1990s and Its Explanation: An Analysis Follow-ing the CASMIN Approach," *Social Mobility in Europe*, edited by R. Breen (Oxford: Oxford University Press, 2004), p. 115 – 148.

[1] Raftery, A. E. , and M. Hout. , "Maximally Maintained Inequality: Expansion, Reform, and Opportunity in Irish Education, 1921 – 75," *Sociology of Education* 66 (1993): 41 – 62.

[2] Breen, R. , and C. T. Whelan. , "Social Class, Class Origins and Political Partisanship in the Republic of Ireland," *European Journal of Political Research* 26 (1994): 117 – 133; Fessler, P. , P. Mooslechner, and M. Schürz. , "Intergenerational Transmission of Educational Attainment in Austria," *Empirica* 39 (2012): 65 – 86; Shavit, Y. , and H. P. Blossfeld (Eds.) . , *Persistent Inequality: Changing Educational Attainment in Thirteen Countries. Social Inequality Series* (Boulder, Co: Westview Press, 1993); Whelan, C. T. , and R. Layte. , "Late Industrialization and the Increased Merit Selection Hypothesis. Ireland as a Test Case," *European Sociological Review* 18 (2002): 35 – 50.

[3] 郝大海：《中国城市教育分层研究（1949～2003）》，《中国社会科学》2007年第6期；李煜：《制度变迁与教育不平等的产生机制——中国城市子女的教育获得（1966～2003）》，《中国社会科学》2006年第4期；刘精明：《高等教育扩展与入学机会差异：1978～2003》，《社会》2006年第3期；（转下页注）

面对以上颇为复杂的经验发现，学者们就教育扩张和机会平等的关系提出了各种不同的理论解释。其中，最主要的有如下三种①。

第一，最大限度维持不平等假定（Maximally Maintained Inequality，MMI）。MMI假定像LZ假设（Lipset-Zetterberg）和FJH假设那样，可以在社会流动的比较研究中作为一条基准假设②。该假定的核心思想是：教育扩张并不能导致教育机会分配的平等化，相反，只要上层阶级或优势地位群体还有可能去提高他们的教育机会，教育机会不平等就会维持③。MMI假定具体包括四条原则④：（1）中高等教育的扩容是对人口增长和社

（接上页注③）吴晓刚：《1990~2000年中国的经济转型、学校扩招和教育不平等》，《社会》2009年第5期；Gerber, Theodore P., "Educational Stratification in Contemporary Russia: Stability and Change in the Face of Economic and Institutional Crisis," *Sociology of Education* 73（2000）：219-246；Hanley, Eric, and Matthew McKeever., "The Persistence of Educational Inequalities in State-Socialist Hungary: Trajectory-Maintenance versus Counterselection," *Sociology of Education* 70（1997）：1-18；Zhou, Xueguang, Phyllis Moen, and Tuma Nancy Brandon., "Educational Stratification in Urban China: 1949-94," *Sociology of Education* 71（1998）：199-222。

① 当然，除了文中呈现的MMI、EMI和RAT外，至少还有SA（selective attrition）和LCP（life course perspective），不过由于后两种理论并没能得到足够的经验资料的支持，故笔者在此不做展开。

② 郝大海：《中国城市教育分层研究（1949~2003）》，《中国社会科学》2007年第6期。

③ Hout, Michael, Adrian E. Raftery, and Eleanor O. Bell., "Making the Grade: Educational Stratification in the United States, 1925-1989," *Persistent Inequality: Changing Educational Attainment in Thirteen Countries. Social Inequality Series*, edited by Y. Shavit and H. P. Blossfeld（Boulder, Co: Westview Press, 1993），p. 25-49；Raftery, A. E., and M. Hout., "Maximally Maintained Inequality: Expansion, Reform, and Opportunity in Irish Education, 1921-75," *Sociology of Education* 66（1993）：41-62.

④ Hout, Michael, Adrian E. Raftery, and Eleanor O. Bell., "Making the Grade: Educational Stratification in the United States, 1925-1989," *Persistent Inequality: Changing Educational Attainment in Thirteen Countries. Social Inequality Series*, edited by Y. Shavit and H. P. Blossfeld（Boulder, Co: Westview Press, 1993），p. 25-49.

会阶层地位上升的反应；（2）如果招生增长速度高于需求，那么较低社会阶层可以获得更多的入学机会，不过阶层效应不变；（3）如果较高阶层对某个特定教育层次的需求饱和时，那么社会背景对升学转换率的作用力才会随时间下降；（4）社会背景效应也可能逆转。该假定提出后，得到了来自各国的大量实证研究结论的支持[1]。

第二，有效维持不平等假定（Effectively Maintained Inequality, EMI）。EMI 假定是卢卡斯对 MMI 假定的修正[2]。该理论认为，社会经济优势者（社会中上层）能够维护其自身和子女的优势地位，即便这种优势很普遍。一方面，如果数量差异较为普遍（common）的话，这种社会经济优势就可以获取量上的优势；另一方面，如果质量差异较为普遍的话，社会经济优势则可以获取质上的优势。他认为，即使教育供给接近饱和，中上阶层也会利用自身优势维护数量上的相似性，并获取更为优质的教

① 李春玲：《社会政治变迁与教育机会不平等——家庭背景及制度因素对教育获得的影响（1940~2001）》，《中国社会科学》2003 年第 3 期；李春玲，《高等教育扩张与教育机会不平等——高校扩招的平等化效应考查》，《社会学研究》2010 年第 3 期；Gerber, T. P., and M. Hout., "Educational Stratification in Russia during the Soviet Period," *American Journal of Sociology* 101 (1995): 611 – 660; Lucas, S. R., "Stratification Theory, Socioeconomic Background, and Educational Attainment," *Rationality and Society* 21 (2009): 459 – 511; Paterson, L., and C. Iannelli., "Social Class and Educational Attainment: A Comparative Study of England, Wales, and Scotland," *Sociology of Education* 80 (2007): 330 – 358; Shavit, Y., and H. P. Blossfeld (Eds.)., *Persistent Inequality: Changing Educational Attainment in Thirteen Countries. Social Inequality Series* (Boulder, Co: Westview Press, 1993); Shavit, Y., and K. Westerbeek., "Reforms, Expansion, and Equality of Opportunity," *European Sociological Review* 14 (1998): 33 – 47; Whelan, C. T., and R. Layte., "Late Industrialization and the Increased Merit Selection Hypothesis. Ireland as a Test Case," *European Sociological Review* 18 (2002): 35 – 50。

② Lucas, S. R., "Effectively Maintained Inequality: Education Transitions, Track Mobility, and Social Background Effects," *American Journal of Sociology* 106 (2001): 1642 – 1690.

育。由此，教育机会的不平等仍然得以维持。该假定亦得到相应的经验资料的支持①。

第三，理性选择理论（Rational Action Theory，RAT）。该理论是由戈德索普及其团队提出和推进的②。它主要用来解释跨时代（cohorts）稳定的阶级异质性（differentials）、升学转换的阶级效应下降和性别效应的变化。该理论认为，子女和其父母在决定是否继续学业时主要考虑成本和收益，以及取得成功的可能性。中产阶级后代比工人阶级后代更可能上大学，正是因为中产（相对于工人）所付出的成本更低而回报反而更高。按照RAT的思路，教育获得的不平等会受阶级差异变化的影响，如果通过政策干预能改变阶级不平等，那么教育不平等水平也会随之下降。正如本书第二章所论及的，该理论是结构论的主要分析工具，也得到了经验研究的支持③。

以上三种理论解释，在不同程度上都获得了相应经验资料的支持。笔者认为，MMI 假定是 RAT 理论的一种特例④，只有

---

① Ayalon, H., and Y. Shavit., "Educational Reforms and Inequalities in Israel: The MMI Hypothesis Revisited," *Sociology of Education* 77 (2004): 103 – 120.; Ayalon, H., and A. Yogev., "Field of Study and Students' Stratification in an Expanded System of Higher Education: The Case of Israel," *European Sociological Review* 21 (2005): 227 – 241.

② Breen, R., and J. H. Goldthorpe., "Explaining Educational Differentials: Towards a Formal Rational Action Theory," *Rationality and Society* 9 (1997): 275 – 305; Breen, R., and M. Yaish., "Testing the Breen-Goldthorpe Model of Educational Decision Making," *Mobility and Inequality: Frontiers of Research in Sociology and Economics*, edited by S. L. Morgan, D. B. Grusky, and G. S. Fields (Stanford: Stanford University Press, 2006), p. 232 – 258.

③ Erikson, R., and J. O. Jonsson (Eds.)., *Can Education Be Equalized: the Swedish Case in Comparative Perspective* (Boulder, Co: Westview Press, 1996)

④ 其实，MMI 的提出者自己也承认该假定背后就是理性选择。参见：Raftery, A. E., and M. Hout., "Maximally Maintained Inequality: Expansion, Reform, and Opportunity in Irish Education, 1921 – 75," *Sociology of Education* 66 (1993): 41 – 62。

当所有阶级成员的就学成本都下降时它才会发生①。当然，EMI 假定尽管是在 MMI 基础上的某种改进，但是其内在的解释机制存在一定差异②。从解释逻辑上看，这些理论所遵循的分析路径有两条，分别是宏观结构取向的制度分析和微观取向的家庭决策分析。总的来说，虽然两种路径之间存在一些分歧，但是，它们都可以纳入到结构论。

总之，从教育扩张去考察阶级边界的渗透是以家庭出身为出发点，探讨教育制度变革对来自不同阶级的个体跨越阶级边界的可能性。面对经验发现的纷繁复杂，布瑞恩认为，未来教育扩张与不平等研究的重点不应该从"对（不平等）稳定性的解释转向变化的解释，而是要从普遍的同质性假设转向聚焦于国别间教育获得不平等和下降的差异化"③。这也启发学者们在检视一般性理论时，必须去寻求符合特定社会情境（social context）的理论解释。

笔者对 O - E 过程研究的批评有两点：第一，宏观制度和微观决策分别对阶级边界的渗透有推动作用，但是该研究对联结两个层面的"桥"是什么及如何运作却一直没能解释清楚。虽然有学者把学校变量纳入分析框架，但总有"脱节"的弊端。因为教育扩张虽然增加了机会公平的可能④，但推动代际流

---

① Breen, R., and J. H. Goldthorpe., "Explaining Educational Differentials: Towards a Formal Rational Action Theory," *Rationality and Society* 9 (1997): 275 - 305; Lucas, S. R., "Stratification Theory, Socioeconomic Background, and Educational Attainment," *Rationality and Society* 21 (2009): 459 - 511.

② Lucas, S. R., "Stratification Theory, Socioeconomic Background, and Educational Attainment," *Rationality and Society* 21 (2009): 459 - 511.

③ Breen, R., R. Luijkx, W. Müller, and R. Pollak., "Nonpersistent Inequality in Educational Attainment: Evidence from Eight European Countries," *American Journal of Sociology* 114 (2009): 1475 - 1521.

④ Jonsson, Jan O., and Robert Erikson., "Why Educational Expansion Is Not Such a Great Strategy for Equality: Theory and Evidence for Sweden," *Stratification in Higher Education: A Comparative Study*, edited by Yossi Shavit, Richard Arum, and Adam Gamoran (Stanford: Stanford University Press, 2007), p. 113 - 139.

动的平等化过程却较为复杂[①]，这在倡导中观/微观分析的边界渗透研究中，理应得到足够的重视。在此，文化论和社会网络分析等或许能发挥积极的作用。第二，上文论及的理论解释，几乎都源自西方工业化国家的经验观察。然而，由于社会发展阶段的不同，对中国、俄罗斯等经历市场转型的国家而言，检验那些已有理论的普遍性不应该成为学者研究工作的全部。虽然有学者运用新制度主义的框架分析代际的阶级边界跨越[②]，但是，相关研究还缺乏系统性，有待继续深化。

三 文化资本的传承与再生产：基于"家庭出身—教育—子代地位"过程的分析

已有研究大多认为社会流动（包括教育地位和职业地位）的阶级差异是普遍存在的，中上阶层比其他阶层有更强的"渗透"优势。譬如，在对英国的调查（BGES1987）中就发现，随着年龄的下降，管理和技术精英后代获得学位证书比例的差距在拉大。具体而言，30 岁以下的群体中，1/3 的专业技术人员后代有学位，该比例几乎是管理人员后代的 2 倍；31～55 岁群体中，两个比例分别为 21.6% 和 13.1%；56 岁以上群体的比例为 14.9% 和 11.1%。在"流动—渗透"研究中，可能是受经典地位获得模型的影响太深，结构主义强调各种结构要素的作用，

---

① 刘精明：《高等教育扩展与入学机会差异：1978～2003》，《社会》2006 年第 3 期。

② 李煜：《制度变迁与教育不平等的产生机制——中国城市子女的教育获得（1966～2003）》，《中国社会科学》2006 年第 4 期；吴晓刚：《1990～2000 年中国的经济转型、学校扩招和教育不平等》，《社会》2009 年第 5 期；Gerber, Theodore P., "Educational Stratification in Contemporary Russia: Stability and Change in the Face of Economic and Institutional Crisis," *Sociology of Education* 73 (2000): 219-246。

不约而同地对个体的文化特征等因素缺乏足够重视[1]。然而，这恰恰是文化主义流派最为看重的，以此形成了与结构决定流派分庭抗礼的局面。

在本书第二章中，我们论及了布迪厄的有关文化资本[2]如何影响教育并最终作用于子代地位获得的思想。布迪厄指出，拥有家庭背景优势的子女之所以在学校表现得比较优秀，是因为校园文化与他们的家庭文化（精英文化）相似[3]。对那些来自缺乏这种文化资本的家庭的子女而言，他们可能更难以适应学校文化，以至于表现得较差，甚至最终不得不选择离开学校。为了检验布迪厄的理论解释力，西方学者主要从"文化资本—教育获得"和"文化资本—职业获得"两条路径展开了大量的经验研究。虽然大家对文化资本的操作化各有取舍[4]，但是这并没有阻碍学者深入探究其对阶级边界渗透的真正作用。目前，主要形成了三种不同的理论观点。

---

[1] Goldthorpe, J. H., *Social Mobility and Class Structure in Modern Britain* (Oxford: Clarendon Press, 1987); Goldthorpe, J. H., and M. Jackson., "Intergenerational Class Mobility in Contemporary Britain: Political Concerns and Empirical Findings," *The British Journal of Sociology* 58 (2007): 525 – 546; Goldthorpe, J. H., and C. Mills., "Trends in Intergenerational Class Mobility in Modern Britain: Evidence From National Surveys, 1972 – 2005," *National Institute Economic Review* 205 (2008): 83 –100.

[2] 关于文化资本如何测量，西方学界也存在诸多分歧。目前，主要有两种测量方法：（1）社会上层所占有的高雅文化（highbrow culture），即文化资本（cultural capital）。一般操作化为高雅文化物品拥有量、文化活动参与（beaux arts participation）程度或对高雅文化的认知和偏好等变量。（2）文化资源（cultural resources），不再局限于高雅文化，还包括家庭学习氛围，提供子女获取知识、技能的条件（参加培训班等），以及与老师和学校加强联系以寻求制度化的评价体系等。另外，从具体形式上包括父母文化资本和子女文化资本两种。具体可参见文献回顾：Lareau, A., and E. B. Weininger., "Cultural Capital in Educational Research: A Critical Assessment," *Theory and Society* 32 (2003): 567 –606。

[3] Bourdieu, P., and J. C. Passeron., *Reproduction in Education, Society and Culture* (CA: Sage Publications, 1977).

[4] Lareau, A., and M. Lamont., "Cultural Capital: Allusions, Gaps and Glissandos in Recent Theoretical Developments," *Sociological Theory* 6 (1988): 153 –168.

其一，文化资本影响阶级边界的跨越。[1] 不论是发达工业化国家还是转型国家的经验资料，抛开其中呈现的概念的操作化，大多都支持该观点[2][3]。其中，绝大多数研究者（包括布迪厄本

---

[1] 有西方学者批评指出，由于布迪厄本人对文化资本概念没能给出很好的界定，再加上学者们根据各自不同的研究目的得到了形式多样的操作测量，以至于有关文化资本对教育获得的效应大小的结论变得"五花八门"（Sullivan, A., "Bourdieu and Education: How Useful is Bourdieu's Theory for Researchers?" *Netherlands Journal of Social Sciences* 38（2002）: 144 - 166）。在笔者看来，这种评论是否足以构成"批评"，值得商榷。毕竟，操作测量和核心概念之间的关联度与理论对经验事实的解释力是两个独立的问题。

[2] 事实上，持有"文化资本影响边界渗透"观点的文献内部也存在一定的差异。随着研究的推进，许多研究越来越重视不同形式文化资本的效应差异化。

[3] 仇立平、肖日葵：《文化资本与社会地位获得》，《中国社会科学》2011 年第 6 期；刘精明：《国家、社会阶层与教育——教育获得的社会学分析》，中国人民大学出版社，2005；Aschaffenburg, K., and I. Maas., "Cultural and Educational Careers: The Dynamics of Social Reproduction," *American Sociological Review* 62（1997）: 573 - 587；Barone, C., "Cultural Capital, Ambition and the Explanation of Inequalities in Learning Outcomes: A Comparative Analysis," *Sociology* 40（2006）: 1039 - 1058；Byun, S., E. Schofer, and K. Kim., "Revisiting the Role of Cultural Capital in East Asian Educational Systems: The Case of South Korea," *Sociology of Education* 85（2012）: 219 - 239；De Graaf, P. M., "The Impact of Financial and Cultural Resources on Educational Attainment in the Netherlands," *Sociology of Education* 59（1986）: 237 - 246；DiMaggio, P., "Cultural Capital and School Success: The Impact of Status Culture Participation on the Grades of US High School Students," *American Sociological Review* 47（1982）: 189 - 201；DiMaggio, P., and J. Mohr., "Cultural Capital, Educational Attainment, and Marital Selection," *American Journal of Sociology* 90（1985）: 1231 - 161；Jæger, M. M., "Equal Access But Unequal Outcomes: Cultural Capital and Educational Choice in a Meritocratic Society," *Social Forces* 87（2009）: 1943 - 1971；Kalmijn, M., and G. Kraaykamp., "Race, Cultural Capital, and Schooling: An Analysis of Trends in the United States," *Sociology of Education* 69（1996）: 22 - 34；Scherger, S., and M. Savage., "Cultural Transmission, Educational Attainment and Social Mobility," *The Sociological Review* 58（2010）: 406 - 428；Tramonte, L., and J. D. Willms., "Cultural Capital and Its Effects on Education Outcomes," *Economics of Education Review* 29（2010）: 200 - 213；Wu, Yuxiao., "Cultural Capital, the State, and Educational Inequality in China, 1949 - 1996," *Sociological Perspectives* 51（2008）: 201 - 227；Yamamoto, Y., and M. C. Brinton., "Cultural Capital in East Asian Educational Systems: The Case of Japan," *Sociology of Education* 83（2010）: 67 - 83。

人）更关注文化资本对教育获得（包括文凭、受教育年限、学术能力、考试成绩等具体形式）的直接作用，只有少量研究考察了文化资本对职业获得的间接作用①。其中，塞维奇等人发现阶级地位对教育获得的效应部分源自文化资本传承，较好的文化资本传递有助于子女实现向上流动，并有助于防止服务阶级后代向下流动②。

其二，文化资本对地位获得的作用力存在阶层差异。这里主要存在文化再生产论和文化流动论这一对竞争性理论。（1）文化再生产理论。根据布迪厄的逻辑，出身优势阶层的子女更容易习得精英文化，掌握"游戏规则"，实现文化的再生产③。文化再生产一般有三个条件：①父母拥有文化资本；②投入时间和精力转换文化资本；③子女习得文化资本并实现教育成就④。概言之，家长与学校互动⑤、家庭社会化、学校教育等多方的综合作用，最终导致了社会再生产。 （2）文化流动（cultural mobility）理论。该理论最早由迪马吉奥提出，认为文化资本有助于来自劣势家庭的子女实现向上的社会流动，他们的地位获

① Hsin, A., and Y. Xie., "Hard Skills, Soft Skills: The Relative Roles of Cognitive and Non-cognitive Skills in Intergenerational Social Mobility," *Population Studies Center Research Report* (University of Michigan, 2012); Jackson, Michelle, John H. Goldthorpe, and Colin Mills., "Education, Employers and Class Mobility," *Research in Social Stratification and Mobility* 23 (2005): 3 - 33; Tampubolon, G., "Intergeneration and Intrageneration Social Mobility in Britain," 2009, http://www.camsis.stir.ac.uk/stratif/archive/2009/Tampubolon_paper.pdf.

② Scherger, S., and M. Savage., "Cultural Transmission, Educational Attainment and Social Mobility," *The Sociological Review* 58 (2010): 406 - 428.

③ Bourdieu, P., and J. C. Passeron., *Reproduction in Education, Society and Culture* (CA: Sage Publications, 1977).

④ Jæger, M. M., "Equal Access but Unequal Outcomes: Cultural Capital and Educational Choice in a Meritocratic Society," *Social Forces* 87 (2009): 1943 - 1971.

⑤ Kaufman, J., and J. Gabler., "Cultural Capital and the Extracurricular Activities of Girls and Boys in the College Attainment Process," *Poetics* 32 (2004): 145 - 68; Lareau, A., *Home Advantage: Social Class and Parental Intervention in Elementary Education* (Lanham: Rowman & Littlefield Publishers, 2000).

得效应更显著，尤其是男孩①。这一论断得到了诸多经验研究的支持②。

其三，文化资本与其他要素共同推动阶级边界的跨越。文化资本促进阶级边界的跨越，还受到了其他条件的限制。其中，文化资本和能力就很难分离③，教育获得是能力和教育机会混合作用的结果④。当然，不同层级的高等学校对学生能力要求不同，层级越高的学校，能力影响可能要强于出身（家庭背景）影响⑤。还有研究发现，中产阶级的子女比工人阶级子女在能力测试中更容易获高分，以至于他们有机会得到更好的教育条件；而且，专业技术人员的女儿更有机会进入中产阶级，其"低能力"（low ability）的儿子比管理人员的儿子更有机会进入工薪阶层（salariat）⑥。范德沃夫特提出，文化和沟通性（communicative）资源直接影响人们的生活方式、政治取向

---

① DiMaggio, P., "Cultural Capital and School Success: The Impact of Status Culture Participation on the Grades of US High School Students," *American Sociological Review* 47 (1982): 189 – 201.

② 李春玲：《"80 后"的教育经历与机会不平等——兼评〈无声的革命〉》，《中国社会科学》2014 年第 4 期；Aschaffenburg, K., and I. Maas., "Cultural and Educational Careers: The Dynamics of Social Reproduction," *American Sociological Review* 62 (1997): 573 – 587; De Graaf, N. D., P. M. De Graaf, and G. Kraaykamp., "Parental Cultural Capital and Educational Attainment in the Netherlands: A Refinement of the Cultural Capital Perspective," *Sociology of Education* 73 (2000): 92 – 111; Kalmijn, M., and G. Kraaykamp., "Race, Cultural Capital, and Schooling: An Analysis of Trends in the United States," *Sociology of Education* 69 (1996): 22 – 34。

③ Lareau, A., and E. B. Weininger., "Cultural Capital in Educational Research: A Critical Assessment," *Theory and Society* 32 (2003): 567 – 606.

④ Jackson, M., R. Erikson, J. H. Goldthorpe, and M. Yaish., "Primary and Secondary Effects in Class Differentials in Educational Attainment," *Acta Sociologica* 50 (2007): 211 – 229.

⑤ 刘精明：《能力与出身：高等教育入学机会分配的机制分析》，《中国社会科学》2014 年第 8 期。

⑥ Savage, M., and M. Egerton., "Social Mobility, Individual Ability and the Inheritance of Class Inequality." *Sociology* 31 (1997): 645 – 672.

和社会流动①，对布迪厄提出的文化资本和经济资本做了拓展。

以上这些理论观点主要勾勒了文化资本对社会流动的影响，学者们还试图揭示其中的发生机制，根据所掌握的文献，主要有如下三种：（1）社会化论。布迪厄认为，受教育过程是一个接受和传承文化资本的过程，学校本质上是一个承担着教化和传递文化资本职责的社会结构。在这个意义上，孩子要获得教育的成功离不开文化资本的家庭社会化。来自中上阶层家庭的孩子，由于父母的文化资本丰富，在他们孩童时期，父母的文化品位、家庭文化氛围有助于其更熟悉"游戏规则"，以至于更可能受到老师的青睐，在学校有更好的表现②。（2）教育期望论。该机制主要是指父母文化资本较高的家庭，更可能重视教育，对子女有较高的教育期望。这些父母通过提供更好的教育机会，加强与老师的互动，鼓励和督促子女，激发了这些孩子的文化参与，其自我教育期望和学习热情较高③。（3）社会认知论。该理论与社会化理论较为相近。认知论指出父母的阅读习惯、高雅文化消费等不仅

① Van de Werfhorst, H. G. , "Cultural Capital: Strengths, Weaknesses and Two Advancements," *British Journal of Sociology of Education* 31 (2010): 157 – 169.

② De Graaf, N. D. , P. M. De Graaf, and G. Kraaykamp. , "Parental Cultural Capital and Educational Attainment in the Netherlands: A Refinement of the Cultural Capital Perspective," *Sociology of Education* 73 (2000): 92 – 111; Jæger, M. M. , "Equal Access but Unequal Outcomes: Cultural Capital and Educational Choice in a Meritocratic Society," *Social Forces* 87 (2009): 1943 – 1971; Lareau, A. , and E. B. Weininger. , "Cultural Capital in Educational Research: A Critical Assessment," *Theory and Society* 32 (2003): 567 – 606.

③ Cheung, S. Y. , and R. Andersen, "Time to Read: Family Resources and Educational Outcomes in Britain," *Journal of Comparative Family Studies* 34 (2003): 413 – 434; Kaufman, J. , and J. Gabler. , "Cultural Capital and the Extracurricular Activities of Girls and Boys in the College Attainment Process," *Poetics* 32 (2004): 145 – 68; Sewell, William H. , Archibald O. Haller, and Alejandro Portes. , "The Educational and Early Occupational Attainment Process," *American Sociological Review* 34 (1969): 82 – 92.

影响子女的文化参与、文化品位，还会影响到他们的分析和认知能力①，而这些能力将在其未来的职业选择和人生规划中发挥着极为重要的作用。

O - E - D 过程主要将文化资本作为核心自变量，讨论子代的教育地位和阶层地位的获得。如上文的图 3 - 1 所示，文化资本主要处于 F_1 的位置。从总体进展看，早先的研究更为关注文化资本对教育的影响，而 2000 年以降，学者们逐渐将研究重心转向阶级边界的渗透。虽然前后存在一定差异，但是都采取文化主义的分析策略。此外，如果将教育对社会流动的影响渠道概括为平等化（equalization）过程和分解（compositional）过程②的话，绝大多数研究还都集中在前一个过程③。

至此，我们可以看到，作为阶级边界渗透中间环节的教育，

① De Graaf, N. D., P. M. De Graaf, and G. Kraaykamp. , "Parental Cultural Capital and Educational Attainment in the Netherlands: A Refinement of the Cultural Capital Perspective," *Sociology of Education* 73 (2000): 92 - 111; Hsin, A. , and Y. Xie. , "Hard Skills, Soft Skills: The Relative Roles of Cognitive and Non-cognitive Skills in Intergenerational Social Mobility," Population Studies Center Research Report, University of Michigan, 2012; Van de Werfhorst, H. G. , "Cultural Capital: Strengths, Weaknesses and Two Advancements," *British Journal of Sociology of Education* 31 (2010): 157 - 69; Yaish, M. , and T. Katz-Gerro. , "Disentangling 'Cultural Capital': The Consequences of Cultural and Economic Resources for Taste and Participation," *European Sociological Review* 28 (2012): 169 - 185.

② 平等化过程指的是当教育的重要性日显突出，那么父代社会经济地位和教育获得的相关度（O - E）就下降，最终使得父代社会经济地位与子代社会经济地位的关联度（O - D）弱化。分解过程，也称"异质关联"（differential association），即如果教育程度越高，O - D 关联越弱，而且教育扩张增加了各阶层获得更高教育的机会，那么这一"分解"将弱化 O - D 的强度。参见：Breen, R. , and R. Luijkx. , "Social Mobility and Education: A Comparative Analysis of Period and Cohort Trends in Britain and Germany," *From Origin to Destination: Trends and Mechanisms in Social Stratification Research*, edited by M. Gangl, R. Pollak, G. Otte, and S. Scherer (Frankfurt/M.: Campus Verlag, 2007), p. 102 - 124.

③ Breen, Richard. ,"Educational Expansion and Social Mobility in the 20th Century," *Social Forces* 89 (2010): 365 - 388.

成了结构论和文化论"比拼"的战场。文化资本的传承与再生产，其实质是强调符号建构已成为维持边界的武器。对此，笔者认为主要存在三方面的问题：其一，虽然布迪厄创立的文化论具有很强的批判性，但由于概念的操作化和测量等方面的不足，始终受到结构主义的批评。譬如，制度化国家、嵌入的国家等概念很难被操作测量①，而它们恰恰都是文化论的核心概念。而且，如何对文化论的诸多重要概念（尤其是文化资本）在不同社会情境中做有效的测量，是一项极富挑战的工作。其二，学者在分析文化资本对社会流动的作用时，通常不对教育地位（E）和阶级地位（D）做严格的区分，这直接导致了已有研究重视文化资本对 O－E 过程的作用，而对 E－D 过程的解读却不到位。第三，未能很好地解释教育扩张后中下阶层的后代在教育和职业获得上的相对机会何以显著上升②。虽然布迪厄的信徒们从概念的操作化或教育体制变迁等方面做出各种努力以回应结构主义的批判③，但是都未能对文化资本的代际传递能力（transmissibility）做较好的阐释。到底是文化传递能力的差异还是阶级文化霸权（cultural arbitrary）对阶级边界跨越的作用更

---

① Van de Werfhorst, H. G., "Cultural Capital: Strengths, Weaknesses and Two Advancements," *British Journal of Sociology of Education* 31 (2010): 157 – 169.

② Goldthorpe, J. H., and M. Jackson., "Intergenerational Class Mobility in Contemporary Britain: Political Concerns and Empirical Findings," *The British Journal of Sociology* 58 (2007): 525 – 546.

③ De Graaf, N. D., P. M. De Graaf, and G. Kraaykamp., "Parental Cultural Capital and Educational Attainment in the Netherlands: A Refinement of the Cultural Capital Perspective," *Sociology of Education* 73 (2000): 92 – 111; De Graaf, P. M., "The Impact of Financial and Cultural Resources on Educational Attainment in the Netherlands," *Sociology of Education* 59 (1986): 237 – 246; Van de Werfhorst, H. G., "Cultural Capital: Strengths, Weaknesses and two Advancements," *British Journal of Sociology of Education* 31 (2010): 157 – 169; Yaish, M., and T. Katz-Gerro., "Disentangling 'Cultural Capital': The Consequences of Cultural and Economic Resources for Taste and Participation," *European Sociological Review* 28 (2012): 169 – 185.

大？中上阶层的文化资本被他们的子代继承后，这些孩子们能获得更好教育文凭的机制到底是什么？对此，布迪厄及其追随者没能给出很好的答案。

四　对既有理论和研究设计的批评

本章中笔者以 O－E－D 为框架，围绕着现有研究的基本观点和理论解释，对边界渗透的社会流动视角做了梳理。"家庭出身—子代地位"过程主要通过对阶级内部边界渗透的比较以揭示社会的开放程度；"家庭出身—教育获得"和"家庭出身—教育—子代地位"则将分析的重点放在边界渗透发生的机制分析。如果说 O－D 告诉我们"是什么"的话，那么O－E 和 O－E－D 述说的则是"为什么"。在边界渗透的机制分析中，本书第二章所讨论的两大流派之间的"理论交锋"清晰可见。

毫无疑问，社会流动视角的边界渗透研究对帮助我们理解社会不平等有其独到之处。虽然结构论和文化论在理论取向上有着各自的诉求，但是，它们都在不同程度上得到了经验数据的支持。然而，自从以索罗金（Sorokin）和格拉斯（Glass）等为代表的第一代社会流动研究开始，对该视角的批评之声就不曾中断[1]。在边界渗透研究中，不论是分析视角还是研究方法的整合，均仍有许多问题亟待解决。

以上批评主要是针对边界渗透的理论问题。除此之外，笔者认为在研究设计和方法上，目前主要存在以下三方面。

---

[1]　Hout, M., and T. A. DiPrete., "What we Have Learned: RC28's Contributions to Knowledge about Social Stratification," *Research in Social Stratification and Mobility* 24 (2006): 1 – 20; Treiman, Donald J., and Harry B. G. Ganzeboom., "The Fourth Generation of Comparative Stratification Research," *The International Handbook of Sociology*, edited by Stella R. Quah and Arnaud Sales (London: Sage, 2000), p. 123 – 150.

第一，绝大多数研究属于二代（two-generation）分析，而对三代或多世代的分析相对较少。如前文所述，二代分析试图通过对父子两代阶级地位的比较，分析边界渗透度，以揭示社会的开放度。然而，祖父母在孙辈的文化资本传承、社会地位获得等方面发挥着不容忽视的作用①，它的缺失很可能导致边界渗透的"偏误"。多代分析的最大优势是将"祖父—父代"纳入到"父—子"二代分析框架当中去，这有助于更为深入地讨论阶级边界的渗透度，尤其是对边界渗透与阶级形成（class formation）的相互关系的厘清帮助较大。以社会流动视角为例，尽管实际操作上的困难（主要来自数据收集）和理论上的分歧依然存在，一些学者已经不再拘泥于二代分析，加强了对多世代研究的力度②。

笔者认为，多代分析是边界渗透研究的重要发展方向。在中国，核心家庭已经成为主要的家庭形式，但囿于人口迁移、城乡二元、生育年龄后移等多重因素使得"隔代养育"在中国并不鲜见。祖父母的社会经济地位如何在孙辈身上被"再生产"？文化资本又如何进行隔代传承？这些有意思的议题都敦促

---

① Chan, T. W. , and V. Boliver. , "Social Mobility over Three Generations in Britain. " 2012, http: //users. ox. ac. uk/ ~ sfos0006/papers/3g3. pdf; Mare, R. D. , and Xi, Song. , Social Mobility in Multiple Generations (paper presented at ISA RC28, CUHK, Hong Kong, Spring, 2012); Zeng, Zhen. and Yu, Xie. , The Effects of Grandparents on Children's Schooling: Evidence from Rural China (paper presented at ISA RC28, CUHK, Hong Kong, Spring 2012).

② Chan, T. W. , and V. Boliver. , "Social Mobility over Three Generations in Britain. " 2012, http: //users. ox. ac. uk/ ~ sfos0006/papers/3g3. pdf; Erola, J. , and P. Moisio. , "Social Mobility over Three Generations in Finland, 1950 – 2000," *European Sociological Review* 23 (2007): 169 – 183; Jæger, Mads Meier. , "The Extended Family and Children's Educational Success," *American Sociological Review* 77 (2012): 903 – 922; Mare, R. D. , "A Multigenerational View of Inequality," *Demography* 48 (2011): 1 – 23; Mare, R. D. , and Xi, Song. , Social Mobility in Multiple Generations (paper presented at ISA RC28, CUHK, Hong Kong, Spring, 2012).

国内学者对传统的二代范式做相应的调整。它将有助于检验并拓展结构论和文化论的理论解释范围，相信对进一步分析中国社会不平等有推进作用。

第二，边界渗透研究集中于过程分析，渗透后果研究仍有较大的发展空间待拓展。如果把渗透过程理解成将边界跨越作为因变量，那么，渗透后果就是将边界跨越作为自变量。本章的分析表明，与社会分层的研究现状相比，社会流动领域在强调过程分析时，对后果重视不够。从渗透后果去考量渗透过程本身，以此透视社会的不平等，不失为一个极佳的选择。这也是解决笔者在前文所提出的"已有研究对阶级形成重视不足"的问题的可能途径。

回望 21 世纪初期的十几年间，不论是经验资料的积累还是统计方法的新进展，都为阶级边界渗透的后果研究提供了更多的可能。目前，国外同行逐渐从对健康、政治偏好、社会资本等后果的分析拓展至主观幸福感（subjective wellbeing）、社会信任（social trust）、公民参与（civic emergent）等领域[1]。这种学术转变值得引起我们国内学者的重视。

第三，学者在研究方法上的选择偏好，制约了边界渗透研究的充分"理论对话"。从本章看，结构论者更倾向于采取定量研究的策略，而文化论则呈现出质性研究为主定量研究为辅

---

[1] Clark, A., and E. D'Angelo., "Upward Social Mobility, Wellbeing and Political Preferences: Evidence from the BHPS," (Working Paper, Paris School of Economics, 13 March, 2009); Holm, A., and M. M. Jaeger., "Does Relative Risk Aversion Explain Educational Inequality? A Dynamic Choice Approach," *Research in Social Stratification and Mobility* 26 (2008): 199 – 219; Li, Yaojun., M. Savage, and A. Pickles., "Social Change, Friendship and Civic Participation," *Sociological Research Online* 8 (2003), http://www.socresonline.org.uk/8/3/li.html; Li, Yaojun, Mike Savage, and Alan Warde., "Social Mobility and Social Capital in Contemporary Britain," *The British Journal of Sociology* 59 (2008): 391 – 411.

的特征，但后者在使用两种研究方法时，鲜有将它们混合运用。而且，文化论中的一些核心概念在界定与操作化上都存在不足[1]。为了通过"真正"的理论对话推进边界渗透研究，一定程度上要求我们在未来的研究中采取混合研究的策略[2]。

---

[1] Van de Werfhorst, H. G. , "Cultural Capital: Strengths, Weaknesses and Two Advancements," *British Journal of Sociology of Education* 31 (2010): 157 – 69.

[2] Small, M. L. , "How to Conduct a Mixed Methods Study: Recent Trends in a Rapidly Growing Literature," *Annual Review of Sociology* 37 (2011): 57 – 86.

第四章　从个体主义到结构主义：
市场转型中的地位获得[*]

20 世纪 50 年代以来，社会流动研究无论在研究的理论还是方法上都有了长足的进展[①]。学术界对透视社会不平等的社会流动一般有两种分类方法：其一是垂直流动（vertical mobility）和水平流动（horizontal mobility）；其二是代际流动（intergenerational mobility'）和代内流动（intragenerational mobility）[②]。

在社会学的研究传统中，地位获得属于社会流动的范畴。

---

[*]　本章初形成于 2010 年夏季。本章的构思与写作得益于刘欣、林南、边燕杰、张文宏、梁玉成、吴愈晓等教授的教诲。同时感谢刘欣、陈云松、雷鸣、魏建文、马磊、孙明、项军和金卉等各位师友在写作过程中的指点和帮助。

[①]　Ganzeboom, Harry B. G., Donald J. Treiman, and Wout C. Ultee., "Comparative Intergenerational Stratification Research: Three Generations and Beyond," *American Journal of Sociology* 17 (1991): 277 - 302; Goldthorpe, John H., *On Sociology*. 2nd edition (Stanford: Stanford University Press, 2007); Treiman, Donald J. and Harry B. G. Ganzeboom, "*The Fourth Generation of Comparative Stratification Research*," The International Handbook of Sociology. edited by S. R. Quah and A. Sales (London: Sage, 2000), p. 123 - 150.

[②]　概念之间的区别与联系，请参见：Kerbo, Harold R., *Social Stratification and Inequality: Class Conflict in Historical and Comparative Perspective*. 3rd edition (Boston: McGraw-Hill, 1996), p. 328 - 330; Crompton, Rosemary., *Class and Stratification: An Introduction to Current Debates*. 3rd edition (Cambridge: Polity Press, 2008), p. 118 - 119; Goldthorpe, J. H., *Social Mobility and Class Structure* (Oxford: Clarendon Press, 1987), p. 1 - 36。

其中，地位获得模型由布劳和邓肯于 20 世纪 60 年代末首度提出[①]，它属于社会流动研究的第二代[②]。地位获得研究旨在考察人们在取得、保持、提高社会地位的过程中诸多社会结构性要素的影响，从而探索社会不平的制度化根源。狭义的地位获得关注父子两代之间的社会位置的变动，分析个人在父子的垂直流动中受先赋性（ascribed）因素与获致性（achieved）因素影响的问题，并借此来度量社会的开放程度。广义的地位获得研究关注个体社会位置的起点和终点的变化及其发生机制，包括代际流动和代内流动。

可以说，由布劳和邓肯所提出的地位获得模型，给社会流动研究带来了革命性的发展，它很快成为研究范式。在此之后，虽然许多研究通过引入性别[③]、种族[④]、年龄[⑤]、智力和重要他人[⑥]等新变量对地位获得模型进行修正，先后提出了威斯康星模型、哈佛模型、赖特模型和罗宾逊模型等衍生模型[⑦]，但是都未

[①] Blau, Peter M., and Otis Dudley Duncan., *The American Occupational Structure* (New York: Wiley, 1967).

[②] Ganzeboom, Harry B. G., Donald J. Treiman, and Wout C. Ultee., "Comparative Intergenerational Stratification Research: Three Generations and Beyond," *American Journal of Sociology* 17 (1991): 277 – 302.

[③] Treiman, Donald J. and Kermit Terrell, "Sex and the Process of Status Attainment: A Comparisonof Working Women and Men," *American Sociological Review* 40 (1975): 174 – 200.

[④] Sakamoto, Arthur and Jessie M. Tzeng., "A Fifty-year Perspective on the Declining Significance of Race in the Occupational Attainment of White and Black Men," *Sociological Perspectives* 42 (1999): 157 – 179; Stewart, Mark B., " Racial Discrimination and Occupational Attainment in Britain," *The Economic Journal* 93 (1983): 521 – 541.

[⑤] Hutchens, Robert M., "Do Job Opportunities Decline with Age?" *Industrial and Labor Relations Review* 42 (1988): 89 – 99.

[⑥] Sewell, William H., Archibald O. Haller; Alejandro Portes, "The Educational and Early Occupational Attainment Process," *American Sociological Review* 34 (1969): 82 – 92.

[⑦] 许嘉猷：《社会阶层化与社会流动》，三民书局，1986，202～212；周怡：《布劳——邓肯模型之后：改造抑或挑战》，《社会学研究》2009 年第 6 期。

能突破地位获得模型的个体主义框架①。

　　然而，地位获得范式主要关注个体是如何得到社会地位，而对地位何以生成并没有给予足够的重视。为此，西方学术界对其批评的焦点之一是该模型忽视了个体特质外那些可能影响个人地位获得的结构性因素，包括政治权利和私有财产制度，以及物质和意识形态制约等②。于是，不少学者开始关注影响地位的结构，这一流派后来被称为"新结构主义"。它摒弃了个人主义研究所主张的什么样的人得到什么，而强调在什么位置上的人得到什么③，主要以劳动力市场分割④、阶级结构观⑤和社会网络⑥研究为代表。

　　从既有研究而言，有关社会流动的文献回溯已有多篇⑦，

① 郝大海：《流动的不平等》，中国人民大学出版社，2010，第11页。

② Crompton, Rosemary., *Class and Stratification: An Introduction to Current Debates*, 3ʳᵈ edition (Cambridge: Polity Press, 2008), p. 120.

③ Fligstein, Neil, Alexander Hicks and S. Philip Morgan., "Toward a Theory of Income Determination," *Sociology of Work and Occupations* 10 (1983): 289–306.

④ Lewis, W. A., "Economic Development with Unlimited Supplies of Labour," *Manchester Schoolof Economics and Social Studies*, 22 (1954): 139–191.

⑤ Wright, Erik Olin and Luca Perrone., "Marxist Class Categories and Income Inequality," *American Sociological Review* 42 (1977): 32–55; Wright, Erik Olin., *Class Counts: Comparative Studies in Class Analysis* (New York: Cambridge University Press, 1997).

⑥ Burt, Ronald S., *Structural Holes: The Social Structure of Competition* (Cambridge, MA: Harvard University Press, 1992); Lin, Nan., "Social Networks and Status Attainment." *Annual Review of Sociology* 25 (1999): 467–487; Lin, Nan., *Social Capital: A Theory of Structure and Action* (New York: Cambridge University Press, 2001); Granovetter, Mark, *Getting a Job: A Study of Contacts and Careers* (Cambridge, MA: Harvard University Press, 1995/1974).

⑦ 代表性的有：Ganzeboom, Harry B. G., Donald J. Treiman, and Wout C. Ultee., "Comparative Intergenerational Stratification Research: Three Generations and Beyond," *American Journal of Sociology* 17 (1991): 277–302; Leeuwen, Van, Marco H. D and Ineke Maas., "Historical Studies of Social Mobility and Stratification," *The Annual Review of Sociology* p. 36 (2010): 429–451; Treiman, Donald J. and Harry B. G. Ganzeboom, "*The Fourth Generation of Comparative Stratification Research*," The International Handbook of Sociology. edited by S. R. Quah and A. Sale (London: Sage, 2000), p. 123–150。

但很少对地位获得给予专门讨论①；同时，在有关市场转型的文献研究中，则存在"重"分层"轻"流动②。然而，不可否认的是，在市场转型的社会流动研究中，不乏对"地位获得"范式的诸多改造③。譬如，在市场转型过程中，先赋性因素和获致性因素该如何操作化？父代地位与子代地位之间的关联机制是什么？个体从初职向现职流动的屏障是什么？这些研究给地位获得添加了许多解释性机制。根据不同的研究视角，形成了一些理论观点。这些研究在扩展地位获得范式的过程中，也为探求市场转型的内在机制提供了某种可能。

　　本文旨在通过对当前学术界较有代表性的相关文献的回顾，梳理地位获得研究④中的不同视角，凸显理论观点，同时也指出这些研究的盲点和需要进一步探讨的问题。接下去，笔者就"忠诚—能力""单位—组织""结构—壁垒""网络—过程"和"教育—再生产"这五个研究视角⑤，主要针对近年来的相关文献进行回溯，并在每一部分进行相应的评述。

---

① 李煜，2009，《代际流动的模式：理论理想型与中国现实》，《社会》2009 年第 6 期；Bian, Yanjie, "Chinese Social Stratification and Social Mobility," *Annual Review of Sociology* 28（2002）：91 - 116。

② 陈那波：《市场转型论争十五年文献述评》，《社会学研究》2006 年第 5 期；郝大海：《流动的不平等》，中国人民大学出版社，2010，第 1 ~ 20 页；刘欣：《市场转型与社会分层：理论争辩的焦点和有待研究的问题》，《中国社会科学》2003 年第 5 期；周怡：《布劳——邓肯模型之后：改造抑或挑战》，《社会学研究》2009 年第 6 期。

③ 周怡：《布劳——邓肯模型之后：改造抑或挑战》，《社会学研究》2009 年第 6 期。

④ 地位获得主要包括职业地位获得、收入地位获得和教育地位获得。在本书中，笔者无意对这三个类型进行细化。

⑤ 虽然笔者从这五个维度来评述地位获得研究的相关文献，但是，事实上许多学者在开展研究时往往同时从几个视角切入。当然，他们都没有脱离市场转型这个历史背景。

一　"忠诚—能力"分析

从波兰尼和塞勒尼那里获得理论灵感的"市场转型论"①的争论焦点是对政治资本和对教育的回报问题②。前者被看作是反映再分配制度的逻辑，背后是忠诚；而后者被看作是反映市场的逻辑，背后是能力。在"市场转型论争"中，"忠诚—能力"分析是学者改造地位获得模型的有益尝试。该分析视角紧紧围绕政治资本和教育回报的相互关系来开展相关的地位获得研究，主要理论观点如下。

（一）精英分化论

塞勒尼采纳了波兰尼的经济类型化，通过对中欧和东欧转型社会主义国家的研究，他一开始认为，在国家社会主义里，社会不平等主要是由占统治地位的再分配经济造成的，而掌握再分配权便成了获得精英阶层地位的先决条件③。而后，塞勒尼对自己的理论做了进一步的修正和发展，坚持认为不平等不是再分配经济抑或市场经济的固有属性，并将人力资本视为市场转型中对阶级再生具有决定作用的要素④。他从制度主义视角切入，构建了市场渗透（market penetration）的三种类型，认为在不同类别的经济体中出现了精英分化⑤。而后，在《没有资本

---

① Nee, Victor. , "A Theory of Market Transition: From Redistribution to Markets in State Socialism," *American Sociological Review* 54 (1989): 663-681.

② 边燕杰、吴晓刚、李路路：《社会分层与流动——国外学者对中国研究的新进展》，中国人民大学出版社，2008，第15页。

③ Szelényi, Ivan. , "Social Inequalities in State Socialist Redistributive Economies," *International Journal of Comparative Sociology* 19 (1978): 63-87.

④ Szelényi, Ivan and Bill Martin. , "The Three Waves of New Class Theories", *Theory and Society* 17 (1988): 645-667;

⑤ Szelényi, Ivan and Eric Kostello. , "The Market Transition Debate: Toward a Synthesis?" *American Journal of Sociology* 101 (1996): 1082-1096.

家打造的资本主义》（*Making Capitalism Without Capitalist*）中，塞勒尼等人运用社会资本、经济资本和文化资本构建阶层分化空间，比较不同社会制度类型中的精英（如文化资产阶级、技术官僚、具有较高文化资本的经理等）如何分化[①]，对精英分化理论做了进一步的发展。

（二）精英二元论

魏昂德基于 1986 年天津调查的分析，建立了职业升迁模型，研究认为成为管理精英需要具备高学历和良好的政治素质，而成为专业精英需要具备学历但不要求政治资本，高级专业技术人员不是"再分配精英"，在中国的精英群体是分割的，即"精英二元"理论[②]。2000 年，魏昂德等学者通过对 1996 年"当代中国的生活史与社会变迁"的城市样本数据的分析，不但支持二元路径模型的存在，而且指出，中国的职业流动机制是对政治体制的忠诚原则和现代职业流动的能力原则的混合体，两者既有结合又有区分[③]。次年，李博柏等利用相同的资料，突破"精英二元"理论，构建了一个政党庇护性流动模型，重点分析入党时间对个人生活机遇的影响。结果表明，党员身份本身就是政治资本，但是入党时间的早晚与个人发展机遇直接相关，这种政党庇护模式改变了几十年来比较流动研究所公认的"教育—职业升迁"的关系模式[④]。最

---

① Eyal, Gil, Ivan Szelényi and Eleanor Townsley., *Making Capitalism without Capitalists* (New York: Verso, 1998).

② Walder, Andrew G., "Career Mobility and the Communist Political Order," *American Sociological Review* 60 (1995): 309 – 328.

③ Walder, Andrew G., Bobai Li, Donald J. Treiman., "Politics and Life Chances in a State Socialist Regime: Dual Career Paths into the Urban Chinese Elite, 1949 to 1996," *American Sociological Review* 65 (2000): 191 – 209.

④ Walder, Andrew G., Bobai Li, Donald J. Treiman., "Politics and Life Chances in a State Socialist Regime: Dual Career Paths into the Urban Chinese Elite, 1949 to 1996," *American Sociological Review* 65 (2000): 191 – 209.

近，魏昂德等又通过对 1996 年数据的再分析，认为体制转型和市场改革并没有扰乱中国代际流动的模式，原先在毛泽东时代被排除出党和管理岗位的前革命精英将精英地位传递给子代的水平异常高，而且干部精英的后代继承精英地位的比例也较高①。孙明从入党和升学等制度安排切入，认为改革前军人的子代在干部选拔中占据优势，入党是家庭出身发挥作用的中间机制；在改革后，除了军人子弟，干部和专业技术人员的子代也在干部选拔中占优势，入党和升学是中间机制②。

（三）精英筛选／选拔论

针对"精英二元"理论没有分析政治忠诚筛选过程的历史变迁及对职位流动的作用这两个不足，边燕杰等利用 1993 年在上海和天津两地的问卷调查数据，经研究表明政治审核是入党的必要过程，1978 年后，党员身份与能否成为政治和管理精英密切相关。当然，党员身份在体制内外呈现不同的流动路径③。臧小伟基于 1988 年和 1994 年收集的数据，研究显示，由于党和政府之间、政府部门内部以及党的内部分工不同，导致大学文凭与党龄对在政府部门及党的系统内精英选拔的影响大不相同；而且，作者还认为在研究当代中国精英选拔制度时，精英二元理论比技术官僚理论更具优势④。

---

① Walder, Andrew G. and Songhua Hu. ," Revolution, Reform, and Status Inheritance: Urban China, 1949 – 1996," *American Journal of Sociology* 114 (2009): 1395 –1427.

② 孙明：《家庭背景与干部地位获得（1950~2003）》，博士学位论文，复旦大学，2010。

③ Bian, Yanjie, Xiaoling Shu and John Logan. ,"Communist Party Membership and Regime Dynamics in China," Social Force 79（2001）: 805 –842.

④ Zang Xiaowei. ," University Education, Party Seniority, and Elite Recruitment in China," *Social Science Research* 30（2001）: 62 –75.

（四）代际转化—阶层再生论

郑辉和李路路针对中国社会分层与流动的现状，建构了有别于精英分化和精英二元的"精英代际转化与阶层再生产"[1]理论模型。利用 1998 年北京、无锡和珠海三城市的调查数据得出的研究结果表明，在市场转型过程中，中国不同类型的精英群体（行政干部精英、技术干部精英、专业技术精英）通过精英排他与精英代际转化的双重作用，形成了一个团结的、合作的、没有分割的精英阶层，实现了精英阶层的再生产。

评述　"忠诚—能力"视角是直接根植于市场转型理论的基本假设。其核心机制是清晰的，党员干部凭借其权力和组织资源仍然保持收入优势，政治资源的回报率在市场化中是显著的[2]，但是不同的组织类型存在一定的差异[3]。在"外部"劳动力市场上，各类官员可以利用政府赋予的管理市场的经济权力以及社会的、政治的人际关系网络，通过正式或非正式的兼职来获取收入。而且，进入市场的早晚甚至也会影响收入回报[4]。不过，该理论仍然存在以下两点不足：（1）多数研究只关心代内流动，对代际流动关注相对较少[5]。

---

[1]　郑辉、李路路：《中国城市的精英代际转化与阶层再生产》，《社会学研究》2009 年第 6 期。

[2]　边燕杰、张展新：《市场化与收入分配——对 1988 年和 1995 年城市住户收入调查的分析》，《中国社会科学》2002 年第 5 期；边燕杰、李路路、李煜、郝大海：《结构壁垒、体制转型与地位资源含量》，《中国社会科学》2006 年第 5 期；Walder, Andrew G., "Elite Opportunity in Transitional Economies," *American Sociological Review* 68 (2003): 899 – 916。

[3]　Cao, Yang., "Careers inside Organizations: A Comparative Study of Promotion Determination in Reforming China," *Social Forces* 80 (2001): 683 – 712

[4]　Wu, Xiaogang and Yu Xie., "Does the Market Pay Off? Earnings Returns to Education in Urban China," *American Sociological Review* 68 (2003): 425 – 442.

[5]　郑辉、李路路：《中国城市的精英代际转化与阶层再生产》，《社会学研究》2009 年第 6 期；Walder, Andrew G. and Songhua Hu., "Revolution, Reform, and Status Inheritance: Urban China, 1949 – 1996," *American Journal of Sociology* 114 (2009): 1395 – 1427.

（2）缺乏从生命周期视角来分析精英流动。从中国的现实看，
"政府主导型社会"并没有完全改变[1]，将各种人事制度改革置
于个体生命周期中或许能更清晰地理解当前精英地位的获得。

二　"单位—组织"分析

不论是东欧还是中国的再分配经济中，"单位"都充满特
殊的体制意涵[2]。再分配体制下，单位是控制和运用资源的主
体[3]，单位的行政级别直接决定了单位从业者的经济社会地位。
在市场化的过程中，再分配体制的萎缩和市场的扩张本身就会
对人们的市场机遇发挥作用，单位如何影响和多大程度上影响
地位获得成为学者关注的焦点之一。

早在 1991 年，林南和边燕杰对地位获得模型做了有益的
拓展，将"单位"变量纳入其中。通过对 1985 年天津调查数
据的分析，他们发现中国的地位获得有别于西方工业化逻辑，
职业不是一个充分必要的社会经济地位，地位高低更多取决于
成员个体所置身的单位的地位[4]。以后的研究丰富和修正了该

[1]　李强：《试分析国家政策影响社会分层结构的具体机制》，《社会》2008 年第 3 期。

[2]　路风：《单位：一种特殊的社会组织形式》，《中国社会科学》1989 年第 1 期；
李汉林：《中国单位现象与城市社区的整合机制》，《社会学研究》1993 年第 5
期；李路路：《论"单位"研究》，《社会学研究》2002 年第 5 期；李路路、王
修晓、苗大雷：《"新传统主义"及其后——"单位制"的视角与分析》，《吉
林大学社会科学学报》2009 年第 6 期；孙立平、王汉生、王思斌：《改革以来
中国社会结构的变迁》，《中国社会科学》1994 年第 2 期；Bian, Yanjie. , *Work
and Inequality in Urban China* (Albany, NY: State University of New York Press,
1994); Szelényi, Ivan. , " Social Inequalities in State Socialist Redistributive
Economies," *International Journal of Comparative Sociology* 19 (1978): 63 – 87;
Walder, Andrew G. , *Communist Neo-Traditionalism: Work and Authority in Chinese
Industry* (Berkeley: University of California Press, 1986)。

[3]　边燕杰、李路路、李煜、郝大海：《结构壁垒、体制转型与地位资源含量》，
《中国社会科学》2006 年第 5 期。

[4]　Lin, Nan and Yanjie Bian, " Getting Ahead in Urban China," *American Journal of
Sociology* 97 (1991): 657 – 688.

模型①。在 20 世纪八九十年代，工作单位仍然对中国城市分层有着重要的影响，职工对工作单位依然有着很强的依附性，个人的社会地位与单位的地位密不可分②。周雪光将单位对地位获得的作用做了更加细致的操作化，发现尽管集体企业相对于体制内单位而言更接近市场，但是收入却没有体制内的人员高，进而提出要进行深入的制度分析③。而且，父母的单位特征依然显著地影响子女的就业，同时子女所属单位的所有制在一定程度上影响子女的职业声望④。

新近研究再次表明，单位在地位获得中的作用远未消失。边燕杰等通过分析 2003 年中国综合社会调查数据，发现单位作为资源控制和运用主体，其地位比职业地位更显著，同类职业在不同的单位类型其收入含量相异，父代职业对子代地位获得没有影响，而父代的单位地位却影响着子代的地位获得⑤。郝大海在"布劳—邓肯"地位获得模型的基础上添加了工作单位变

① Bian, Yanjie. , *Work and Inequality in Urban China* (Albany, NY: State University of New York Press, 1994).

② 边燕杰、约翰·罗根、卢汉龙：《单位制与住房商品化》，《社会学研究》1996年第 1 期；Bian, Yanjie and John R. Logan. , "Market Transition and the Persistence of Power: The Changing Stratification System in Urban China," American Sociological Review 61 (1996): 739 – 758; Zhou, Xueguang, Nancy Brandon Tuma, Phyllis Moen. , "Stratification Dynamics under State Socialism: The Case of Urban China, 1949 – 1993," *Social Forces* 74 (1996): 759 – 796; Zhou, Xueguang, Nancy Tuma and Phyllis Moen. , " Institutional Change and Job-Shift Patterns in Urban China, 1949 to 1994," *American Sociological Review* 62 (1997): 339 – 365。

③ Zhou, Xueguang. , "Economic Transformation and Income Inequality in Urban China: Evidence from Panel Data," *American Journal of Sociology* 105 (2000): 1135 – 1174.

④ 李春玲：《断裂与碎片：当代中国社会阶层分化实证分析》，社会科学文献出版社，2005，第 429 ~ 434 页；余红、刘欣：《单位与代际地位流动：单位制在衰落吗?》，《社会学研究》2003 年第 6 期。

⑤ 边燕杰、李路路、李煜、郝大海：《结构壁垒、体制转型与地位资源含量》，《中国社会科学》2006 年第 5 期。

量，对不同历史时期父亲单位地位对子女就业中进入单位类型的影响做了历时性分析。结果表明，改革后，教育对进入党政机关和管理类岗位的影响日益突出，父亲单位的影响逐渐衰退①。

评述 "单位—组织" 视角通过对地位获得模型的 "单位化" 改造，为社会转型的不平等提供了独特视角。已有研究并没有太多的论辩，基本的判断是一致的——单位在市场化的过程中呈现衰退，单位的影响在短期内不会彻底改变②。不过，近年来议论颇多的 "国进民退" 或许促使我们去思考一个问题，即在大型国有企业纷纷开展内部市场化的过程中，单位地位的影响是否又会呈现出新的趋势与特征？

三 "结构—壁垒" 分析

再分配经济是一个由上而下的计划经济，依靠 "条" 和 "块" 两个组织系统控制和支配所有的资源③。其中的 "块" 就是地方政府的管辖范围。"结构—壁垒" 分析中的 "结构" 指的就是包括地区、城乡等超越个体和组织的更高层级的结构。由于地区之间和城乡之间在政治经济中的地位和功能上的差异，直接或间接地影响着个体的地位获得④。理论观点具体如下。

---

① 郝大海：《流动的不平等》，中国人民大学出版社，2010，第65~97页。
② 李汉林：《转型社会中的整合与控制——关于中国单位制度变迁的思考》，《吉林大学社会科学学报》2007年第4期。
③ 边燕杰、李路路、李煜、郝大海：《结构壁垒、体制转型与地位资源含量》，《中国社会科学》2006年第5期。
④ 王天夫、王丰：《中国城市收入分配中的集团因素：1986~1995》，《社会学研究》2005年第3期；Xie, Yu and Emily Hannum., "Regional Variation in Earnings Inequality in Reform Era Urban China," *American Journal of Sociology* 101 (1996): 950–992。

(一) 地区/行业差别论

1996 年，倪志伟结合地理区位和制度转变两个要素将中国的部分省份划分为四类，通过比较个人收入回报后发现，市场转型理论只有在自由放任经济地区才部分成立，以此修正了市场转型理论[1]。近年，随着中国综合调查（主要是 CGSS2003）等高质量数据的获得，学术界运用新的统计模型（如 HLM）开展了更为深入的地区和行业比较研究。边燕杰等研究发现，收入随着城市级别的提升而大幅度地增加，省级市国有部门的收入随职业地位增长的幅度最大，在非国有部门的职业地位的收入并不因城市级别而变化[2]。郝大海和李路路将收入回报置于二十多年的时间序列中，结果表明国有垄断部门在收入上的优势随着经济发展和市场化的进程逐渐下降，而党员身份的影响与市场化和经济增长水平之间没有显著的相关关系[3]。王天夫等运用多层线性模型，详细讨论了行业影响收入分配的两种截然不同的逻辑与路径。结果显示，在个人收入的整体差异中，有超过 13% 的份额是由于行业的不同造成的；行业特征对于个人特征的收入回报影响则显著地呈现出多种方式[4]。

(二) 机会—流动互动论

吴晓刚将精英流动研究不太关心的自雇阶层拉回到地位获得研究中来，提出了"机会—流动"论。分析表明，改革

---

[1] Nee, Victor., "The Emergence of a Market Society: Changing Mechanisms of Stratification in China," *American Journal of Sociology* 101 (1996): 908 – 949.

[2] 边燕杰、李路路、李煜、郝大海：《结构壁垒、体制转型与地位资源含量》，《中国社会科学》2006 年第 5 期。

[3] 郝大海、李路路：《区域差异改革中的国家垄断与收入不平等——基于 2003 年全国综合社会调查资料》，《中国社会科学》2006 年第 2 期。

[4] 王天夫、崔晓雄：《行业是如何影响收入的——基于多层线性模型的分析》，《中国社会科学》2010 年第 5 期。

初期，教育和干部身份只有在城市中阻碍了人们成为自雇业者。然而，随着改革的推进，只有那些在改革后期成为自雇者的城市干部能享有较高的收入优势。作者强调个人的选择性流动是宏观制度转型和社会分层结构变化之间的中间过程，提出应该将劳动者如何获得社会位置/群体身份的流动过程考虑进来①。

（三）城乡二元论

程远（音译）等最早将城乡二元分割纳入中国的代际流动研究之中。通过分析来自 6 个省的城乡数据，发现中国有很高的代际继承率，并不支持就业人口（working population）向上流动的增加，而农业人口向非农人口的总和流动和向上流动受经济政策的影响②。然而，他们并没有考虑户籍制度。事实上，户籍制度不仅为从农业到非农职业的流动设置了一个很高的门槛，而且削弱了我们在城市中所观察到的代际间职业地位的关系③。这种制度分割使流动人口劳动力被隔离在特定的社会和经济空间之内，迫使流动人口沿着特殊的流动路径并遵循着非正式的规则来实现向上的社会流动，这些特殊的路径和非正式规则构成了一种社会经济地位获得的非制度模式④。而且，考虑到城市样本数据的选择性偏误问题，中国独特的户籍制度使得农村中从事非农职业、没有改变户口性质的农民子女还要继续务农；只允许农村中受过很高教育的人获得城市户口造成了农民的代

---

① Wu, Xiaogang., "Communist Cadres and Market Opportunities: Entry into Self-Employment in China, 1978 – 1996," *Social Forces* 85 (2006): 389 – 411.

② Cheng, Yuanand JianzhongDai., "Inter-generational Mobility in Modern China," *European Sociological Review* 11 (1995): 17 – 36.

③ Wu, Xiaogang and Donald J. Treiman., "The Household Registration System and Social Stratification in China: 1955 – 1996," *Demograph* 41 (2004): 363 – 384.

④ 李春玲：《流动人口地位获得的非制度途径——流动劳动力与非流动劳动力之比较》，《社会学研究》2006 年第 4 期。

际流动率相当高，城市中的社会流动也具有相当的"开放"性①。在城市，男性农转非人口通常有不错的工作，也更容易获得晋升，但他们在从中级到高级晋升时却处于劣势。同时，除了在专业职称晋升上拥有优势之外，他们很难在行政上获得晋升，也难以在体制外获得高级管理职位②。

评述 "结构—壁垒"为地位获得研究提供了一个非常有意义的研究视角。在此基础上，地位资源、权力资源等概念被提出③。那么，结构壁垒在市场转型中是怎样通过中间机制并最终作用于个体的地位获得？经过数年的社会转型，一些壁垒又呈现何种新趋势？虽然诸如收入分配模式及其变化是多种机制和因素共同作用的结果④，但是其中的复杂过程毫无疑问是值得进一步研究的课题。

四 "网络—过程"分析

经典的地位获得研究，不仅包括代际流动，还包括代内流动。"网络—过程"分析是新结构理论的重要内容之一，它更多关注代内流动中结构和关系等因素的重要性。由网络关系角度开辟的社会流动研究大多在两个不同的领域：一为跨组织或跨单位的流动领域；一为组织内部的升迁流动领域。二者都涉

---

① Wu, Xiaogang and Donald J. Treiman. , "Inequality and Equality under Chinese Socialism: The Hukou System and Intergenerational Occupational Mobility," *The American Journal of Sociology* 113 (2007): 415 – 445.

② 林易：《"凤凰男"能飞多高——中国农转非男性的晋升之路》，《社会》2010年第1期。

③ 边燕杰、李路路、李煜、郝大海：《结构壁垒、体制转型与地位资源含量》，《中国社会科学》2006年第5期。

④ 郝大海、李路路：《区域差异改革中的国家垄断与收入不平等——基于2003年全国综合社会调查资料》，《中国社会科学》2006年第2期；边燕杰、张展新：《市场化与收入分配——对1988年和1995年城市住户收入调查的分析》，《中国社会科学》2002年第5期。

及初职后的流动，强调网络关系与地位获得的关联[①]。在市场转型研究中，"网络—过程"视角主要在和"弱关系假设"[②]的论辩中形成新的理论观点。

格兰诺维特于 1973 年提出"弱关系假设"，认为较弱的关系倾向于形成桥梁，将个体连接到另外的社会圈子中去[③]。格氏通过对纽约郊外牛顿镇的 300 位白领求职者的调查，发现通过相识得到信息的人往往流动到一个地位较高、收入较丰厚的职位，而通过亲属和朋友得到信息的人向上流动的机会则大大减少了。该结果对"弱关系假设"做了最初证明[④]。尔后，林南提出了著名的社会资源理论，对格氏的"弱关系假设"作了扩展和修正，指出弱关系的力量在于它联系着拥有更丰富社会资源的帮助者，他们所能发挥的作用将大于强关系的帮助者[⑤]。

以上两种理论都是在西方市场经济的大前提下讨论社会网络如何影响个体的职业地位获得。然而，在市场转型国家和地区以及社会主义国家，社会网络又何以发挥作用？边燕杰依据 1988 年在天津的调查研究指出，社会网络在这里的作用不是传播和收集职业信息，而是待分配的择业者通过人际关系，得到工作分配主管部门和分配决策人的照顾[⑥]。为此，边燕杰提出了"强关系假

① 周怡：《布劳——邓肯模型之后：改造抑或挑战》，《社会学研究》2009 年第 6 期。
② Granovetter, Mark. , "The Strength of Weak Ties," *American Journal of Sociology* 78 (1973): 1360 – 1380.
③ Granovetter, Mark. , "The Strength of Weak Ties," *American Journal of Sociology* 78 (1973): 1360 – 1380.
④ Granovetter, Mark, *Getting a Job: A Study of Contacts and Careers* (Cambridge, MA: Harvard University Press, 1995/1974).
⑤ Lin, Nan. , "*Social Resources and Instrumental Action*", Social Structure and Network Analysis, edited by Peter Marsden and Nan Lin (Beverly Hills, CA: Sage Publications, 1982), p. 131 – 147.
⑥ Bian, Yanjie. , " Guanxi and the Allocation of Jobs in Urban China," *The China Quarterly* 140 (1994): 971 – 999; Bian, Yanjie. , "Bringing Strong Ties Back In: Indirect Connection, Bridges, and Job Searches in China," *American Sociological Review* 62 (1997): 266 – 285.

设"，并对此运用中国天津、新加坡等地的资料做了验证①。其中原因有二：一是义务问题。人情关系的实质是情意、实惠的交换，强关系交换建立在双方多年交往上，相互欠情也好、补情也好，都敦促彼此有义务去保持这种交换关系。二是信任问题。人情交换是违背正式组织原则的，但如果是强关系，主客双方的信任度提高，就能降低风险系数②。那些人力资本和政治资本较贫乏、经济地位较高的人更可能频繁使用社会网络资源以实现职业流动，社会网络资源的运用，对劳职配置的吻合程度没有显著影响③。概言之，"强关系假设"不仅在再分配体制下的职业流动中发挥着作用，而且在双轨制时代和转型时代发挥着更重要的作用④。此外，20 世纪 90 年代初，两位荷兰社会学家对德国莱比锡和德累斯顿两座城市的工人进行了调查，研究结果表明，在民主德国，工人在求职中所使用的社会关系资源（帮助者的职业声望）和工人得到的工作的职业声望呈正相关⑤。

在研究包括农民工在内的流动人口时，"网络—过程"视角往往被频繁地运用。大多数学者认为，社会网络对农民工求

---

① Bian, Yanjieand Soon Ang. , "Guanxi Networks and Job Mobility in China and Singapore," *Social Forces* 75 （1997）: 981 – 1006; Bian, Yanjie. , "Bringing Strong Ties Back In: Indirect Connection, Bridges, and Job Searches in China," *American Sociological Review* 62 （1997）: 266 – 285.

② 边燕杰：《社会网络与求职过程》，载涂肇庆、林益民编《中国改革时期的社会变迁：西方社会学研究评述》，牛津大学出版社，1999，第 110～138 页。

③ 张文宏：《社会网络资源在职业配置中的作用》，《社会》2006 年第 6 期。

④ 边燕杰、张文宏：《经济体制、社会网络与职业流动》，《中国社会科学》2001 年第 2 期；李培林：《流动民工的社会网络和社会地位》，《社会学研究》1996 年第 4 期；彭庆恩：《关系资本和地位获得》，《社会学研究》1996 年第 4 期；赵延东：《求职者的社会网络与就业保留工资——以下岗职工再就业过程为例》，《社会学研究》2003 年第 4 期。

⑤ Völker, Beate&Henk Flap. , "Getting ahead in the GDR: Social Capital and Status Attainment under Communism," *Acta Sociologica* 42 （1999）: 17 – 34.

职的意义非同寻常①。在市场化的过程中，农民工的地位获得，在使用以血缘和地缘为主的"强关系"②的同时，对在职业流动中建构的社会网络的利用有增加的趋势③，而且，不同性质的工作单位的市场化程度的差异影响了农民工对求职方式的选择。

评述 "网络—过程"视角在社会学中属于网络结构观的范畴，它有别于传统的地位结构观，具有联结宏观和微观两个层面的功能。而且，由于社会网络既可以是先赋性的，也可以是获致性的④，因此该视角打破了传统地位获得研究的既有概念设定。从已有研究看：（1）大部分研究关注跨部门或单位的流动，而对组织内部的升迁流动的研究比较欠缺。其实，西方学者在后者的研究中已经给予了相当的关注⑤。（2）有学者在 2001 年的《美国社会学年鉴》上发表了一篇关于社会网络"同质性"特征的综述⑥，这引发了对社会网络效用的

① 刘林平：《外来人群体中的关系运用——以深圳"平江村"为个案》，《中国社会科学》2001 年第 5 期；王春光：《新生代农村流动人口的外出动因与行动选择》，载李培林主编《农民工——中国进城农民工的经济社会分析》，社会科学文献出版社，2003，第 196~205 页；赵延东：《求职者的社会网络与就业保留工资——以下岗职工再就业过程为例》，《社会学研究》2003 年第 4 期。
② 曹子玮：《职业获得与关系结构——关于农民工社会网的几个问题》，载柯兰君、李汉林主编《都市里的村民——中国大城市的流动人口》，中央编译出版社，2001，第 71~91 页；李培林：《流动民工的社会网络和社会地位》，《社会学研究》1996 年第 4 期；翟学伟：《社会流动与关系信任——也论关系强度与农民工的求职策略》，《社会学研究》2003 年第 1 期。
③ 夏磊：《工作单位性质与利用网络求职的差异性——来自珠三角农民工的实证研究》，《社会》2009 年第 2 期。
④ 周怡：《布劳—邓肯模型之后：改造抑或挑战》，《社会学研究》2009 年第 6 期。
⑤ Burt, Ronald S., *Structural Holes: The Social Structure of Competition* (Cambridge, MA: Harvard University Press, 1992); Podolny, Joel. M and James N. Baron, "Resources and Relationships: Social Network and Mobility in the Workplace," *American Sociological Review* 62 (1997): 673–693.
⑥ McPherson, Miller, Lynn Smith-Lovin, and James M. Cook., "Birds of a Feather: Homophily in Social Networks," *Annual Review of Sociology* 27 (2001): 415–444.

激烈论辩①。目前，国内已有学者开始关注机会集合与关系利用、社会网络的选择等基础性问题②，并且对社会资本的效用以及内生性问题等方面都有越来越多的关注③。然而，仅仅用新的统计方法去检验一个"老问题"，对推动整个理论的发展贡献并不大。

五 "教育—再生产"分析

在现代社会，教育成为代际继承或流动的中介，作为不平等传递的主要途径，越来越成为一个研究中心。在地位获得模型中，教育是联结父代与子代的中介变量，包括子代地位获得和父代地位继承两个环节。总体而言，"教育—再生产"分析大致分为两类——关注教育地位本身的获得和考察教育对地位获得的影响。

（一）教育地位获得

俄罗斯、匈牙利和捷克等转型国家的经验研究表明，在革

① Mouw, Ted., "Social Capital and Finding a Job: Do Contacts Matter?" *American Sociological Review* 68 (2003): 868 – 896; Mouw, Ted., "Estimating the Causal Effect of Social Capital: A Review of Recent Research," *Annual Review of Sociology* 32 (2006): 79 – 102.

② 王水雄:《机会集合、关系选择与结构效应》，载李路路、边燕杰主编《制度转型与社会分层——基于 2003 年全国综合社会调查》，人民大学出版社，2008，第 209~234 页；张文宏:《社会网络资源在职业配置中的作用》，《社会》2006 年第 6 期。

③ 陈云松:《"找关系"有用吗——非自由市场经济下的多模型复制与拓展研究》，《社会学研究》2013 年第 3 期；陈云松、范晓光:《社会资本的劳动力市场效应估算》，《社会学研究》2011 年第 1 期；梁玉成:《社会资本和社会网无用吗?》，《社会学研究》2010 年第 5 期；梁玉成:《求职过程的宏观——微观分析：多层次模型》，《社会》2012 年第 3 期；吕涛:《社会资本与地位获得——基于复杂因果关系的理论建构与经验检验》，博士学位论文，中山大学，2010。

命或改革的初期，教育的确趋于平等，但后来甚至出现不平等趋势的上升[①]。中国社会教育机会分配形态的变化趋势经历了两个截然相反的发展阶段：1978 年前，教育机会分配从一种极度不平等的状态向着平等化的方向演变；而后，教育机会分配的不平等程度逐步增强，家庭背景及制度因素对教育获得的影响力不断上升[②]。换言之，改革开放以来，中国教育机会总量的增加（特别是高等教育机会的扩大）并未如人们所预期的那样明显地缩小教育分层[③]。

根据政策干预对教育获得及分层具有重要作用[④]的逻辑，作为宏观制度环境的教育扩张理应为人们提供更多的教育机会，但它能否使教育机会分配变得更加平等却一直是学界论争的焦点问题。刘精明认为，1999 年高等教育扩招后，社会阶层背景的影响出现了两种截然不同的变化态势——优势阶层的教育投资趋于转向正规的大学本科；受过良好教育的体力劳动者的子代在获得各类高等教育机会时均保持并继续扩大着较高的机会优势[⑤]。基于 2005 年 1% 人口抽样调查数据的一个次级数据集，

---

① 吴晓刚：《1990~2000 年中国的经济转型、学校扩招和教育不平等》，《社会》2009 年第 5 期；Gerber, Theodore P., "Educational Stratification in Contemporary Russia: Stability and Change in the Face of Economic and Institutional Crisis," *Sociology of Education* 73 (2000): 219-246。

② 李春玲：《社会政治变迁与教育机会不平等——家庭背景及制度因素对教育获得的影响（1940~2001）》，《中国社会科学》2003 年第 3 期。

③ 郝大海：《流动的不平等》，中国人民大学出版社，2010；李春玲：《高等教育扩张与教育机会不平等——高校扩招的平等化效应考查》，《社会学研究》2010 年第 3 期。

④ 郝大海：《中国城市教育分层研究（1949~2003）》，《中国社会科学》2007 年第 6 期；Deng, Zhong and Donald J. Treiman., "The Impact of Cultural Revolution on Trends in Educational Attainment in the People's Republic of China," *American Journal of Sociology* 103 (1997): 391-428; Zhou, Xueguang, "Phyllis Moen, and Nancy Tuma, Educational Stratification in Urban China: 1949-1994," *Sociology of Education* 71 (1998): 199-222。

⑤ 刘精明：《高等教育扩展与入学机会差异：1978~2003》，《社会》2006 年第 3 期。

李春玲分析指出大学扩招没有减少阶层、民族和性别之间的教育机会差距，反而导致了城乡之间的教育不平等上升[①]。当然，也有学者认为，教育机会的分配更多地取决于教育选择的规则而非与教育系统本身的扩张有关[②]。

家庭背景与教育获得的相互关系一直是地位获得研究的传统视角[③]。吴晓刚发现虽然整个 20 世纪 90 年代中国教育机会有了极大的扩展，但家庭背景仍然在决定入学和升学方面发挥着重要作用，农村户口子女的状况相比于城镇户口同龄人来说变得愈加不利，父亲的社会经济地位对入学状况的影响作用在增大[④]。李煜尝试提出一个代际教育不平等传递的理论分析框架，强调教育不平等产生机制、具体制度设计和社会状况背景三者间的联系。研究发现，恢复高考后，家庭教育背景成为改革初期教育不平等的主要原因；1992 年以后社会分化加剧，教育体制受市场化的冲击，家庭阶层背景的效用显现，教育不平等的产生机制转变为资源转化与文化再生产双重模式并存[⑤]。

（二）教育影响地位获得[⑥]

在地位获得研究中，教育除了作为地位获得的结果，也通

---

① 李春玲：《高等教育扩张与教育机会不平等——高校扩招的平等化效应考查》，《社会学研究》2010 年第 3 期。

② 吴晓刚：《1990~2000 年中国的经济转型、学校扩招和教育不平等》，《社会》2009 年第 5 期。

③ Buchmann, Claudia and Emily Hannum., "Education and Stratification in Developing Countries: A Review of Theories and Research", *Annual Review of Sociology* 27 (2001): 77 – 102.

④ 吴晓刚：《1990~2000 年中国的经济转型、学校扩招和教育不平等》，《社会》2009 年第 5 期。

⑤ 李煜：《制度变迁与教育不平等的产生机制——中国城市子女的教育获得（1966~2003）》，《中国社会科学》2006 年第 4 期。

⑥ 在地位获得研究中，教育总是与人口学变量（性别、年龄等）、单位类型、地区差异等变量一同被作为解释变量。这里所分析的文献主要以教育为核心自变量，而地位主要指经济地位和职业地位。

常作为代际地位获得（包括收入地位、职业地位等）的中介变量。总体而言，中国的"脑体倒挂"现象已基本消除，教育的经济收益率稳步上升[1]。个体初职地位的高低主要取决于受教育水平，教育获得始终对初职地位的取得起着最主要作用，但代际地位的继承作用仍然存在，并发挥着重要作用[2]。具体而言，在1992年后，家庭背景的作用似乎有下降的趋势，表现在非体力阶层对子女的初职地位的作用由"跳级"效应向"保底"效应转变。而且，在我国体制改革的不同时期，不同类型的教育文凭资格对人们流入中高级白领职业阶层产生了很大影响，进入中高级白领职业阶层的教育标准在改革过程中经历了由中等职业技术教育向高等职业技术教育再向正规高等教育逐步强化的过程[3]。

评述　在"教育—再生产"视角的研究中，学者们围绕着作为自致因素的教育，对一些西方工业化国家的经验发现进行检验（如 MMI 假设），并基于社会转型背景探寻本国的内在宏观发生机制[4]。然而，不论是作为地位获得结果的教育还是作为地位获得中介的教育，不但离不开宏观的特定的政治经济制度背景[5]，而且

---

① 李春玲：《文化水平如何影响人们的经济收入——对目前教育的经济收益率的考查》，《社会学研究》2003年第3期。

② 李煜：《家庭背景在初职地位获得中的作用及变迁》，《江苏社会科学》2007年第5期。

③ 刘精明：《教育与社会分层结构的变迁——关于中高级白领职业阶层的分析》，《中国人民大学学报》2001年第2期。

④ 郝大海：《中国城市教育分层研究（1949~2003）》，《中国社会科学》2007年第6期；李春玲：《高等教育扩张与教育机会不平等——高校扩招的平等化效应考查》，《社会学研究》2010年第3期；吴晓刚：《1990~2000年中国的经济转型、学校扩招和教育不平等》，《社会》2009年第5期；Raftery, A. E. and M. Hout. , "Maximally Maintained Inequality: Expansion, Reform, and Opportunity in Irish Education: 1921 – 1975," *Sociology of Education* 66 (1993): 41 – 62.

⑤ Gerber, Theodore P. , "Loosening Links? School-to-Work Transitions and Institutional Change in Russia since 1970," *Social Forces* 82 (2003): 241 – 276; Hannum, Emily. , "Poverty and Basic Education in Rural China: Villages, Households, and Girls' and Boys' Enrollment," *Comparative Education Review* 47 (2003): （转下页注）

也无法逃脱家庭、学校、社区等中观社会环境的制约①以及微观情境的束缚②。相对而言，"教育—再生产"分析对中、微观因素的关注度还相对较弱。此外，在研究中教育地位获得受到的关注较多，而教育对子代地位获得的关注有待加强。

六 从分层框架到机制分析：三点批评

地位获得模型被提出后，经历了一个从个体主义视角向结构主义视角的转变过程。在市场转型下的地位获得研究中，如果将"忠诚—能力"归入个体主义视角的话，那么，"单位—制度""结构—壁垒"和"网络—过程"就应属于结构主义视角。而"教育—再生产"则显得更为复杂，它是个体主义和结构主义的混合型视角（见图4－1）③。接下去，我们将总结转型中国地位获得研究中几个亟待解决的议题。

第一，在地位获得研究中，目前结构主义视角处于优势地位，重点探讨哪些关键的结构因素影响地位获得。当然也有学者提出"精英文化的代际传承"观点④。然而，这与最初的地位获得模型所采取的个体主义视角相去甚远。虽然结构主义视角解释了地位获得这一"黑匣子"以外的结构性要素，但是，

（接上页注⑤）141 - 159; Hannum, Emily. , "Political Change and the Urban-Rural Gap in Basic Education in China, 1949 - 1990," *Comparative Education Review* 43 (1999): 193 - 211; Titma, Mikk, Nancy Brandon Tuma and KadiRoosma. , "Education as a Factor in Intergenerational Mobility in Soviet Society," *European Sociological Review* 19 (2003): 281 - 297.

① Buchmann, Claudia and Emily Hannum. , "Education and Stratification in Developing Countries: A Review of Theories and Research," *Annual Review of Sociology* 27 (2001): 77 - 102.
② 刘精明：《教育选择方式及其后果》，《中国人民大学学报》2004 年第 1 期。
③ 受益于笔者与西安交通大学博士候选人雷鸣的讨论，特此感谢。
④ 吴愈晓：《家庭背景、体制转型与中国农村精英的代际传承（1978～1996）》，《社会学研究》2010 年第 2 期。

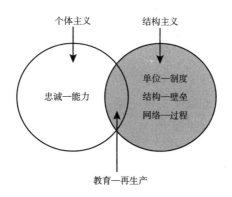

个体主义　　　　结构主义

忠诚—能力

单位—制度
结构—壁垒
网络—过程

教育—再生产

图 4 - 1　地位获得研究的类型

这些要素到底是通过什么样的方式落到个体之上仍需要理论解释。为此，我们不妨将网络结构分析与地位结构分析相结合，并借鉴地位获得模型的衍生模型。

　　第二，社会流动研究是一个将分层后果分段呈现的过程，因此，它涉及如何进行分层的问题。不同的分层框架对我们的分层后果（学者眼中）难免存有差异。那么，分层框架最终是否会导致地位获得的结果也发生变化？于是，这就为我们提出了一个"什么样的分层框架最适用于当下的转型中国"的问题。已经有学者在将西方的分层框架与中国国情相结合的基础上，做了许多有益的探索①。现在，学界对阶级分析的讨论越来越多，如何将地位获得放入阶级分析的解释框架，仍有待深入推进。

　　第三，制度分析是市场转型研究近 20 年来主要的研究策略，也常被运用到地位获得研究中去。地位获得模型提出伊始，就始终没有放弃对微观个体的理论关怀。近年来，社会机制和

---

　　① 刘欣：《当前中国社会阶层分化的多元动力基础——一种权力衍生论的解释》，《中国社会科学》2005 年第 4 期；刘欣：《当前中国社会阶层分化的制度基础》，《社会学研究》2005 年第 5 期；林宗弘、吴晓刚：《中国的制度变迁、阶级结构转型和收入不平等：1978～2005》，《社会》2010 年第 6 期；陆学艺主编《当代中国社会阶层研究报告》，社会科学文献出版社，2002。

基于机制的解释（mechanism-based explanations）在社会科学和科学哲学领域中受到了广泛的关注，以中层分析为己任的机制分析日益受到学界的推崇[1]。经典的地位获得模型中各个变量之间的考察缺乏对因果推定充分的讨论[2]。在笔者看来，如果我们能在机制分析这条路上走得更远，那么理应可以增强地位获得研究对转型中国的解释力。

此外，从总体而言，已有研究缺乏一个统一的基础模型，这阻碍了我们进行深入的比较研究。譬如，在经济学中，有研究收入的 Mincer 模型，学者们往往根据各自的研究目的在该模型的基础上添加其他影响收入的变量。笔者认为，基于经典地位获得模型建构基础模型，也是当下中国社会学界亟待解决的问题。

---

① Hedström, Peter. , *Dissecting the Social*: *On the Principles of Analytical Sociology* (Cambridge, UK: Cambridge University Press, 2005); Hedström, Peter. , *Dissecting the Social*: *On the Principles of Analytical Sociology* (Cambridge, UK: Cambridge University Press, 2005); Hedström, Peter and Petri Ylikoski, "Causal Mechanisms in the Social Sciences", *Annual Review of Sociology* 36 (2010): 49 – 67.

② 周怡:《布劳——邓肯模型之后：改造抑或挑战》,《社会学研究》2009 年第 6 期。

第五章　代际收入流动、阶层地位、性别角色观念与初婚居住安排[*]

初婚夫妇（first married couple）的居住安排（living arrangement），不仅是探讨家庭形成的起始点，更是了解家庭形态与结构发展的重要事件[①]。与西方社会里子女成年后即考虑离开父母独立居住[②]不同，华人社会的子女婚后仍可能与父母同住[③]，代间同住（intergenerational co-residence）的家庭结构远比西方更为普遍[④]。近年来，虽然中国家庭结构经历着持续的核心化，但是经济发达地区的二代家庭户比例较高，从妻居也不再

---

[*]　本章的主体内容曾先后发表于《社会学》2013 年第 2 期和《浙江学刊》2014 年第 2 期，在本书写作过程中已做重新修订。分别经得合作者宗媛媛和金卉的同意，笔者才得以将文章内容收入本书，在此深表谢忱！再次感谢刘欣教授允许笔者使用 SHFS 2010 资料！

[①]　王俊豪：《台湾初婚夫妻的居住安排》，《人口学刊》2008 年第 37 期。

[②]　Berrington, Ann, and Mike Murphy. , "Changes in the Living Arrangements of Young Adults in Britain during the 1980s," *European Sociological Review*10 (1994): 235 – 257; Zeng, Yi, Ansley Coale, Minja Kim Choe, Zhi WuLiang, and Liu Li. , "Leaving the Parental Home: Census-based Estimates for China, Japan, South Korea, UnitedStates, France, and Sweden," *Population Studies* 48 (1994): 65 – 80.

[③]　杨静利、陈宽政：《台湾地区子女离家的原因与步调》，《人口学刊》2002 年第 25 期；Logan, John R. and Fuqin Bian. "Family Values and Co-residence with Married Children in Urban China," *Social Forces*77 (1999): 1253 – 1282。

[④]　Rankenberg, Elizabeth, Angelique Chan, and Mary Beth Ofstedal. , "Stability and Change in Living Arrangements in Indonesia, Singapore, and Taiwan, 1993 – 1999," *Population Studies* 56 (2002): 201 – 213; Ruggles, Steven, and Misty Heggeness. , "Intergenerational Coresidence in Developing Countries," *Population and Development Review* 34 (2008): 253 – 281; Treas, Judith, （转下页注）

是罕见或特殊现象，甚至呈现上升的趋势[①]。

与此同时，自 20 世纪 80 年代末起中国在经历了 20 多年的住房市场化后，作为社会分层重要指标的家庭住房通过代际间的直接传递，对城市青年夫妇初婚后离开父母独立居住提供了某种可能。此外，在"高房价"的今天，"裸婚""丈母娘推高房价"等媒体报道层出不穷，传统文化中独特的"房子情结"加强了买房成家的去个体化倾向，使其成为整个家庭的集体责任。统计表明，中国城镇人均住房建筑面积从 1990 年的 13.7 平方米上升到 2010 年的 31.6 平方米[②]，房屋自有率之高甚至超过了欧洲、美国和日本等发达国家。在北京、上海和广州等一线城市，更多的初婚夫妇选择离开父母独立居住，又呈现出与西方社会类似的特征。

然而，既有的居住安排研究大多以家庭养老为切入点，侧重从老年人（父代）的健康、年龄、教育、收入等因素描述居住安排的人口特征并探究这些要素何以影响居民对居住安排的选择[③]。从初婚

（接上页注④）and Jieming Chen. , "Living Arrangements, Income Pooling, and the Life Course in Urban Chinese Families," *Research on Aging* 22（2000）：238 – 261.

① 风笑天：《第一代独生子女婚后居住方式——一项 12 城市的调查分析》，《人口研究》2006 年第 5 期；李先春、万崇毅：《婚居模式的变革及其深远影响》，《人口与计划生育》2009 年第 5 期；Logan, John R. and Fuqin Bian. "Family Values and Co-residence with Married Children in Urban China," *Social Forces* 77（1999）：1253 – 1282；Tsui, Ming. , "Changes in Chinese Urban Family Structure," *Journal of Marriage and Family* 51（1989）：737 – 747。

② 罗楚亮：《住房改革、收入差距与城镇住房不平等》，《经济与管理评论》2013 年第 5 期。

③ 谢桂华：《家庭居住模式与子女赡养》，《社会科学战线》2010 年第 2 期；杨善华、鄢盛明、陈皆明：《居住安排对子女赡养行为的影响》，《中国社会科学》2001 年第 1 期；张桂霖、张金鹗：《老人居住安排与居住偏好的转换：家庭价值与交换理论观点的探讨》，《人口学刊》2010 年第 40 期；Chu, C. Y. Cyrus, Yu Xie, and Ruoh Rong Yu. , "Coresidence With Elderly Parents：A Comparative Study of Southeast China and Taiwan," *Journal of Marriage and Family* 73（2011）：120 – 135；Logan, John R. Fuqin Bian, and Yanjie Bian. "Tradition and Change in the Urban Chinese Family：The Case of Living Arrangements," *Social Forces* 76（1998）：851 – 882；Treas, Judith, and Jieming Chen. , "Living Arrangements, Income Pooling, and the Life Course in Urban Chinese Families," *Research on Aging* 22（2000）：238 – 261。

时点入手，以初婚夫妇（子代）为对象的居住安排研究尚不多见。作为家庭生命周期起点的初婚夫妇，他们在进行居住决策时，是选择代间同住抑或独立居住？是选择从妻居还是从夫居？人们除了迫于对父母养老需求的考虑外，难免还会受到原生家庭经济地位差异、夫妻社会经济地位差异、性别观念等其他因素的影响。那么，夫妻间的相对资源优势是如何影响他们的初婚居住安排？初婚居住安排的形成机制是什么？现有研究并没有给出很好的回答。为此，本书中这一章的研究试图将居住安排作为家庭决策的后果，探讨初婚时点的代间同住形成的内在机制，以弥补已有研究的不足。

　　本章的研究问题有：（1）探讨初婚夫妇的资源优势对代间同住的影响机制，检验资源论与性别规范论在初婚代间同住决策中的解释力；（2）比较家庭社会地位和夫妻阶层地位在城市居民初婚居住安排中的作用，揭示居住安排模式的形成机制。在统计方法上，为了克服内生性问题，笔者运用完全贝叶斯多重填补法（multiple impute）对结果进行了敏感性分析。接下去将首先梳理相关的主要理论论辩，而后从数据、变量和统计模型三个维度呈现研究设计，然后比较分析资源优势、性别观念与居住安排的因果机制，最后是简短的讨论。

一　资源优势与性别规范：理论与假设

　　资源论和文化理论下的性别规范论是解释居住安排差异的两大视角。

　　资源论（resource theory）主要从客观角度讨论家庭中权力的拥有及家庭内部的任务分配方式。家庭中的权力是由一个人影响他人行为的潜在能力决定的，这种能力来自于所掌握的资源[1]。

----

[1]　让·凯勒阿尔、P. Y. 特鲁多、E. 拉泽加：《家庭微观社会学》，顾西兰译，商务印书馆，1998。

它主要围绕初婚夫妇本身探究居住安排的形成机制，将居住安排置于家庭决策过程之中，认为初婚时选择代间同住（"从夫居"和"从妻居"）或独立居住，是夫妻权力关系博弈的结果①。其中，绝对资源与独立居住与否联系紧密，而相对资源与代间同住方式密切相关。性别规范论主要强调由文化习得的性格角色观念可能直接或间接地影响人们的居住方式选择。包括家庭价值观、"家本位"和老人赡养义务等文化背景会通过社会化过程影响人们的观念形成，并在居住决策中发挥作用。总体而言，资源论能较好地解释居住安排（代间同住和独立居住），不过它对资源效力的代际差异缺乏系统研究，而在解释从妻居和从夫居的选择上，资源论和性别规范论是一对竞争性理论。

（一）代际收入流动、居住阶层化与独立居住

代际收入流动论主要研究个体在总体收入分配中的位置多大程度上由其父代所决定，它是代际社会流动在经济学领域的核心体现②。经济学者运用各种方法考虑了测量误差后，计算出的中国代际收入相关性达到 0.7 左右③，该数值和世界其他国家和地区相比明显偏高。目前，中国城市中代际流动弹性处于中等水平，但曲率大于其他国家，高收入者的代际继承性更强④。

---

① 陈建良：《家庭决策机制之形成及其对夫妻相对地位之隐含》，载伊庆春、陈玉华编《华人妇女家庭地位》，社会科学文献出版社，2006；王俊豪：《台湾初婚夫妻的居住安排》，《人口学刊》2008 年第 37 期；Lackman, C., and J. M. Lanasa., "Family Decision-making Theory: An Overview and Assessment," *Psychology and Marketing* 10 (1993): 81 – 93。
② 陈琳、袁志刚：《授之以鱼不如授之以渔？——财富资本、社会资本、人力资本与中国代际收入流动》，《复旦学报》（社会科学版）2012 年第 4 期。
③ 姚先国、赵丽秋：《中国代际收入流动与传递路径研究：1989～2000》，浙江大学经济学院工作论文，2006。
④ 高勇：《代际收入关系中的社会公平：测量与解释》，《甘肃行政学院学报》2012 年第 2 期。

在中国代际收入流动中，虽然人力资本起到了重要作用，社会资本的影响也呈现出不容忽视的上升趋势，但是以房屋资产和金融资产为代表的家庭财富表现出远大于上述两种资产的解释力和回报率①。住房消费往往是家庭行为，家庭成员在体制内市场及体制外市场获得资源的机会对住房不平等具有解释力②。以青年人为例，代际财富资本对其能否拥有房产起着决定作用，房产拥有并非仅依赖青年个体收入。一项以 985 高校毕业生为对象的调查显示，父母能为其买房的"80 后"毕业生拥有房产的概率是父母不能提供经济资助者的 12 倍，而父母（会）替付部分房款的毕业生拥有房产的概率是父母不能提供经济资助的毕业生的近 4 倍③。

以上的这些理论解释和经验发现主要基于对住房市场化阶段的考量，而住房在计划经济时期同样也是中国代际经济地位继承中的重要内容。在再分配经济时期，居民住房获得与父代阶层地位状况紧密相关④，"官员为儿子分配四套房""单位空房为高层领导后代预留"是对家庭背景介入住房资源分配的生动体现⑤。由于中国传统文化对于"居者有其屋"的重视，更使得住房几乎成为城市普通居民家庭子女嫁娶中的核心要素。

代际收入流动论主要流行于经济学领域对收入不平等的研

---

① 陈琳、袁志刚:《授之以鱼不如授之以渔? ——财富资本、社会资本、人力资本与中国代际收入流动》,《复旦学报》(社会科学版) 2012 年第 4 期。
② 毛小平:《社会分层、城市住房消费与贫富分化——基于 CGSS2005 数据的分析》,《兰州学刊》2010 年第 1 期。
③ 朱迪:《"80 后"青年的住房拥有状况研究——以 985 高校毕业生为例》,《江苏社会科学》2012 年第 3 期。
④ 刘欣:《再分配权力、寻租能力、市场能力与生活机遇:对中国转型期分层机制的权力衍生论解释》,博士学位论文,香港中文大学,2004,第 110~134 页。
⑤ Zhao, Yingshun, and Steven C Bourassa. "China's Urban Housing Reform: Recent Achievements and New Inequities," *Housing Studies* 18 (2003): 721–744.

究中，然而笔者认为，该理论同样对城市居民的初婚居住安排
具有解释力。在当下中国，不同类型财产对提升子代经济福利
的效率高低不等，经过父辈通盘考虑，价格不断上涨的房产逐
渐成为城镇居民家庭财产的重要组成部分。因此，原生家庭阶
层地位较高的夫妻在初婚时离开双方家庭而独立居住的可能性
较大。就此，笔者提出如下研究假设。

假设1：原生家庭阶层地位越高，初婚时越可能独立居住。

此外，居住安排的选择是对住房状况综合考量的后果之一，
这就涉及社会分层中的住房分层议题。住房是财产的重要部分，
它不仅是个体乃至整个家庭栖身的场所，还包含了居住者对自
然条件、人文环境、社区邻里和生活方式的选择。早在20世纪
60年代末，雷克斯和摩尔撰写的《种族、社区和冲突》中提出
了"住房阶层"理论，认为城市居民对住房自有存在着共同的
价值取向，根据获取住房途径可以将城市居民分为6大群体，
并且认为按照住房条件的差异，不同住房阶层将位于城市不同
的空间区位[1]。虽然该理论后来受到了"消费部门分割"理论
的挑战[2]，不过多数研究在居住阶层化的判断上不存在明显
分歧。

居住阶层化论指出，人们受到不同结构性条件的制约而
选择了不同的居住方式和居住空间，而特定的居住条件又影
响人们的生活方式和阶层认同，最终带来社会阶层的居住分
割。一般而言，买得起地段好、面积大、质量好的住房已经
足以说明购房者的购买能力强。而购买能力的强弱，无疑与
个人所从事的职业密切相关。阶层位置是个体市场能力的重
要表征，造成了人们住房产权、房屋面积和房屋质量等方面

[1] Rex, J. and R. Moore, Race, *Community and Conflict* (London: Oxford University Press, 1967).
[2] 张杨波、吴喜：《西方"住房阶级"理论演变与经验争辩》，《国外社会科学》2011年第2期。

的差异化①。瓦特在英国伦敦坎本地区的调查显示，35 岁以下的群体拥有住房比例的情况并不一致，公职阶层为 52%，中等阶层为 44%，而工人阶层为 16%；至于 35 岁以上的群体，住房自有率在上述三类群体中都有提高，其中公职阶层为 83%，中等阶层为 74%，而工人阶层为 48%②。而且，中国城市居民的客观阶层地位还与居住空间的分化有着一定的一致性③。居住在较好社区类型和较高社区地段中的是那些具有较高客观阶层位置的人，居于城镇边缘和老旧城区的则更多是位于较低客观阶层位置的人。

　　虽然始于 20 世纪 80 年代末的住房市场化改革打破了原有单位在住房分配中的主导地位，但是，与单位性质、单位级别、个人职级等直接挂钩的分配原则并未完全消失，即社会分层的再分配机制得到延续，而市场化机制也同时并行且增长着④。一方面，购房者的购买能力直接取决于其职业地位高低⑤。譬如，购房者为机关或事业单位工作人员，这些人不仅收入水平较高，而且享有优厚的住房公积金，他们能得到更多低息贷款，也就能更早地购买更大、更好的住房。另一方面，权力精英及单位的后房改福利与二套住房分配呈显著正相关⑥，而且职业地位较高群体所获得的工资性收入以外的福利更具优

① 边燕杰、刘勇利：《社会分层、住房产权与居住质量——对中国"五普"数据的分析》，《社会学研究》2005 年第 3 期。
② Watt, Paul, "Social Stratification and Housing Mobility," *Sociology* 30 (1996): 533–550.
③ 刘精明、李路路：《阶层化：居住空间、生活方式、社会交往与阶层认同——我国城镇社会阶层化问题的实证研究》，《社会学研究》2005 年第 3 期。
④ 边燕杰、刘勇利：《社会分层、住房产权与居住质量——对中国"五普"数据的分析》，《社会学研究》2005 年第 3 期。
⑤ 刘祖云、毛小平：《中国城市住房分层：基于 2010 年广州市千户问卷调查》，《中国社会科学》2012 年第 2 期。
⑥ 蔡禾、黄建宏：《谁拥有第二套房？——市场转型与城市住房分化》，《吉林大学社会科学学报》2013 年第 4 期。

势。就初婚居住安排而言，优势阶层地位者即便无法拥有自己的住房，但是仍有可能通过单位过渡房、租房补贴等渠道得以离开父母独立居住。考虑到传统的婚姻匹配中"女高男低"的比例较低，大多数都属于"男高女低"或者"男女相当"的匹配模式①，在夫妻阶层地位中丈夫更具优势，因此我们提出以下假设。

假设 2：丈夫阶层地位越高，初婚时越可能独立居住。

（二）资源优势、性别规范与代间同住

布拉德（Blood）和沃尔夫（Wolfe）于 1960 年出版了《丈夫与妻子：动态的婚姻生活》一书，由此开创了资源理论在夫妻权力关系研究中的广泛运用②。已有研究表明，夫妻间的相对权力来自个人的相对资源，夫妻中提供更多资源的一方在家庭决策过程中拥有更多权力③。一方面，丈夫为婚姻带来更多的资源，他的妻子会更遵从其意愿，并且认为他有权力按照他自己的方式去做决定④；另一方面，夫妻中的一方相对资源愈多，愈可能得到婚姻以外的满足（如社会地位、社会参与等），对于婚姻关系的依赖愈低，在婚姻内权力愈大。相对的是，当丈夫或妻子的资源愈少，愈依赖婚姻关系，则权力愈低⑤。

① 李后建：《门当户对的婚姻会更幸福吗？——基于婚姻匹配结构与主观幸福感的实证研究》，《人口与发展》2013 年第 2 期。

② 郑丹丹：《中国城市家庭夫妻权力研究》，华中科技大学出版社，2004，第 3 页。

③ 让·凯勒阿尔、P. Y. 特鲁多、E. 拉泽加：《家庭微观社会学》，顾西兰译，商务印书馆，1998，第 42 页；Lamanna, Mary Ann., *Marriages and Families: Making Choices in a Diverse Society* (Belmont, CA: Wadsworth Pub, 1997); Xu, X. and Lai, S., "Resources, Gender Ideologies, and Marital Power: The Case of Taiwan," *Journal of Family Issues* 23 (2002): 209 – 245。

④ Scanzoni, Letha., *Men, Women, and Change: A Sociology of Marriage and Family* (New York: McGraw-Hill, 1988), p. 367.

⑤ Heer, David M., "The Measurement and Bases of Family Power An Overview," *Marriage and Family Living.* 25 (1963): 133 – 139.

伊庆春从资源论出发，提出相对配偶而言，拥有的资源越多，在家庭决策上，越能依自身意志或偏好行事。家庭资源的多寡，以及夫妻间资源差异所造成的相对权力关系，是决定居住安排的主要因素①。初婚夫妻中资源较多的一方因拥有较高的相对权力，在居住安排决策时，越可能选择亲近或有利于其原生家庭的居住方式②。也就是说，夫妻间占有资源优势的一方，更可能会倾向与自身原生家庭同住。

所谓资源，强调的是个人的客观能力，这些资源包括职业地位、收入、经验等③。更进一步而言，在家庭决策中，良好的判断力是重要的因素，这通常来自教育和经历④。当夫妻中的一方具有更高教育水平时，体现出更多的知识积累及更强的决策能力，从而更可能由其做出居住安排的选择。已有研究表明，无论丈夫还是妻子，教育程度愈高的，愈倾向和自己的父母同住而排拒与配偶父母同住，其中隐含着夫妻之间的权力互动⑤。由此，笔者提出以下的假设。

假设 3a：相对受教育水平越高，婚后越可能选择与己方父母同住。

与此同时，阶层地位是度量个体职业地位、收入、声望等

① 伊庆春：《华人家庭夫妻权力的比较研究》，伊庆春、陈玉华编《华人妇女家庭地位》，社会科学文献出版社，2006，第 51～82 页。
② 陈建良：《亲子居住安排在家庭内与跨家户成员间的权力互动》，《住宅学报》2005 年第 2 期；王俊豪：《台湾初婚夫妻的居住安排》，《人口学刊》2008 年第 37 期。
③ 让·凯勒阿尔、P. Y. 特鲁多、E. 拉泽加：《家庭微观社会学》，顾西兰译，商务印书馆，1998，第 42～43 页；Scanzoni, Letha., *Men, Women, and Change: a Sociology of Marriage and Family* (New York: McGraw-Hill, 1988), p. 367.
④ Lamanna, Mary Ann., *Marriages and Families: Making Choices in a Diverse Society* (Belmont, CA: Wadsworth Pub, 1997), p. 273.
⑤ 陈建良：《亲子居住安排在家庭内与跨家户成员间的权力互动》，《住宅学报》2005 年第 2 期；杨菊华：《延续还是变迁？社会经济发展与婚居模式关系研究》，《人口与发展》2008 年第 5 期。

的综合指标，也是衡量资源多寡的重要标志。拥有更高阶层地位的一方，可以为家庭提供更多的资源，进而有能力选择对己方更为有利的居住方式，因此提出假设 3b。

假设 3b：相对阶层地位越高，婚后越可能与己方父母同住。

资源理论虽然得到了广泛认同，但与此同时也遭遇了一系列批评①，其中，最为经典的当属性别规范论。随着性别的重要性逐渐引起关注，布隆伯格和科尔曼提出社会和个体两个层面的论辩②。他们认为，在个体层面，个人的性别角色意识将影响其在家庭中的权力和地位。性别意识形态（gender ideology）通常被认为是影响夫妻进行家庭决策的重要因素③。

大量经验研究发现，性别角色意识在对夫妻权力的影响方面，比结构性资源发挥更为重要的作用④，尤其是丈夫的性别角色态度在解释权力方面有着决定性作用，而女性在资源方面的增加并没有提高其在婚姻中的自主性和权力⑤。婚姻中的"潜在权力"由性别角色观念形塑，夫妻对传统的不平等的家务劳动分工没有冲突，是因为性别角色观念已经充分地塑造了他们

---

① Giuliano, Paola. , "Living Arrangements in Western Europe: Does Cultural Origin Matter?" *Journal of the European Economic Association* 5 (2007): 927 –952.

② Blumberg, R. L. and Coleman, M. T. , "Atheoretical look at the Gender Balance of Power in the American Couple," *Journal of Family Issues* 10 (1989): 225 –250.

③ Connell, R. W. , *Gender and Power* (Stanford: Stanford University Press, 1987); Denton, Melinda Lundquist. , "Gender and Marital Decision Making Negotiating Religious Ideology and Practice," *Social Forces* 82 (2004): 1151 –1180.

④ Kamo, Y. , "Determinants of Household Division of Labor: Resources, Power, and Ideology," *Journal of Family Issues* 9 (1988): 177 – 200; Wilkie, J. R. Ferree, M. M. and Ratclife, K. S. , "Gender and Fairness: Marital Satisfactionin Two-earner Couples," *Journal of Marriage and the Family* 60 (1998): 577 –594.

⑤ Kulik, L. , "Marital Power Relations, Resources, and Gender Role Ideology: Amultivariate Model for Assessing Effects," *Journal of Comparative Family Studies* 30 (1999): 189 – 206; Xu, X. and Lai, S. , "Resources, Gender Ideologies, and Marital Power: The Case of Taiwan," *Journal of Family Issues* 23 (2002): 209 –245.

的期望和经验[1]。与此类似,韦斯特和齐默尔曼展示了夫妻间互动的微妙过程和"社会性别实践"(doing gender)[2]。他们发现,在决策过程中,资源更多的妻子并不以此要求更多权力,相反的,她们往往顺从丈夫,从而维护丈夫在夫妻关系中的权力[3]。在台湾地区,持传统性别角色观念的人,即便家庭中女性拥有较高的人力与社会经济资源,男方通常仍是掌握决策的最后发言者(final say)[4]。

在中国,父系家庭根源于农业经济和儒家伦理,有着几千年的历史,男权制思想根深蒂固。为了有效维持父系家庭中的性别秩序,儒家文化赋予男性更大的权力,而女性长期处于从属地位[5]。传统文化中的无形规范,如男尊女卑的父权文化、"男主外、女主内"的家庭角色分工、儿子奉养父母的孝道伦理等,都会影响夫妻的家庭决策[6]。然而,20世纪以来的一系列革命运动,如辛亥革命、文化大革命等,对传统儒家思想进行了批判[7]。随着时代变迁,传统观念不断

---

① Tichenor, Veronica Jaris. , "Status and Income as Gendered Resources The Case of Marital Power," *Journal of Marriage and Family* 61 (1999): 638 – 650.

② West, C. , and Zimmerman, D. H. , "Doing Gender," *Gender and Society* 1 (1987): 125 – 151.

③ 郑丹丹:《中国城市家庭夫妻权力研究》,华中科技大学出版社,2004,第14页。

④ 吕玉瑕、伊庆春:《社会变迁中的夫妻资源与家务分工:台湾70年代与90年代社会文化脉络的比较》,《台湾社会学》2005年第10期。

⑤ Chu, C. Y. Cyrus, Yu Xie, and Ruoh Rong Yu. , "Coresidence With Elderly Parents: A Comparative Study of Southeast China and Taiwan," *Journal of Marriage and Family* 73 (2011): 120 – 135; Lang, Olga. , *Chinese Family and Society* (Hamden: Archon Books, 1968); Zuo, Jiping. , "Rethinking Family Patriarchy and Women's Positions in Presocialist China," *Journal of Marriage and Family* 71 (2009): 542 – 557.

⑥ 伊庆春:《华人家庭夫妻权力的比较研究》,载伊庆春、陈玉华编《华人妇女家庭地位》,社会科学文献出版社,2006。

⑦ Chu, C. Y. Cyrus, Yu Xie, and Ruoh Rong Yu. , "Coresidence With Elderly Parents: A Comparative Study of Southeast China and Taiwan," *Journal of Marriage and Family* 73 (2011): 120 – 135.

受到冲击①。然而，即便社会性别结构已松动，家庭内性别权力的变迁相对大社会结构的变迁却有一种社会心理的迟滞（psychosocial lag）存在，传统的性别规范仍可能持续影响家庭内的夫妻分工及权力关系②。据此，从性别规范论出发，持传统性别观念者，通常倾向由丈夫掌握重大事务的决策权，并且选择父系家庭的居住模式③。进而推论出以下假设。

假设 4：性别角色观念越传统，越可能选择从夫居。

二　数据、变量与统计策略

（一）数据

本章所使用的数据来自复旦大学主持的"2010 上海家庭调查"（SHFS2010）项目。2010 年 7 月 ~ 2011 年 3 月，该调查采用多阶段 PPS 抽样方案④，以各抽样单位下辖户数作为辅助抽样信息进行加权，对上海市外环以内的所有中国大陆居民（居住七天以上，包括非户籍人口在内）进行地址抽样，并在访问员入户之后采用 Kish 表在户内随机抽取 18 ~ 65 周岁的居民为被调查者。样本在家庭户层次上自加权。调查过程采用结构式访谈的方式进行。整个调查过程执行严格的样本控制以及质量控制，最终样本成功率为 65% 左右，共回收 1181 份成功问卷。其中，初婚居住方式属于从妻居或从夫居的被访者为 463 人。

---

① 王俊豪：《台湾初婚夫妻的居住安排》，《人口学刊》2008 年第 37 期；Zuo, Jiping. , "Rethinking Family Patriarchy and Women's Positions in Presocialist China," *Journal of Marriage and Family* 71 (2009): 542 – 557.

② 吕玉瑕、伊庆春：《社会变迁中的夫妻资源与家务分工：台湾 70 年代与 90 年代社会文化脉络的比较》，《台湾社会学》2005 年第 10 期。

③ Logan, John R. and Fuqin Bian. "Family Values and Co-residence with Married Children in Urban China," *Social Forces* 77 (1999): 1253 – 1282.

④ 第一级抽样单位是街道，第二级抽样单位是社区，第三级抽样单位是家庭，第四级抽样单位是个人。

（二）变量

1. 因变量及其操作化

研究的因变量是初婚夫妻的居住安排。在调查中，问及被调查者"在刚结婚（同居）的时候，你们住在哪里?"备选项有6项：（1）自己父母家；（2）配偶父母家；（3）租房，不和父母住；（4）买房住，不和父母住；（5）宿舍/单位提供的住房；（6）其他。本文采取了两种操作化方案：第一种是笔者根据被访者性别，对选择"1"或"2"的人进行甄别，形成"住男方家"（从夫居）和"住女方家"（从妻居）两类代间同住的居住安排。此外，针对选择"其他"的人，笔者对其重新编码①。对从夫居和从妻居分别赋值为0和1。在数据处理上，以从夫居为参照。第二种是将选择"1"或"2"的被访者归为代间同住，选择其他备择项的为独立居住。在居住安排的数据处理上，以代间同住为参照。

2. 核心自变量及其操作化

相对资源从两个维度加以测量：（1）夫妻教育差。针对问卷中的14类测度，比较夫妻的教育水平，得到"妻子学历高""学历相同"和"丈夫学历高"三类，以第三类为参照，其他分别进行0~1虚拟变量编码②。（2）夫妻地位差。笔者首先根

---

① 数据中很小一部分的被访者选择了（6）"其他"。笔者仔细检查了这些被访者自填的答案，将符合（1）或（2）的并入相应选项。

② 在"上海家庭调查2010"调查问卷中，教育水平被分为14个类别，分别是：没有受过任何教育、扫盲班/私塾、小学、初中、职高、普通高中、技校/职校、中专、高职、大专（成人）、大专（正规）、本科（成人）、本科（正规）、研究生及以上。笔者首先将丈夫和妻子的教育水平编码，然后将"职高、普通高中、技校/职校、中专、高职""大专（成人）、大专（正规）"和"本科（成人）、本科（正规）"分别合并，这样得到8大类，从低到高分别赋以1~8的数值，分别得到初婚时夫妻二人的教育程度 Edu_h 和 Edu_w；然后将夫妻的教育程度相减，得到夫妻教育地位差 $Edu_{h-w} = Edu_h - Edu_w$；再次按照 $Edu_{h-w} < 0$、$Edu_{h-w} = 0$、$Edu_{h-w} > 0$ 界定为"妻子学历高""学历相同"和"丈夫学历高"。

据刘欣①提出的城市阶层划分框架获得夫妻双方的阶层位置，然后通过比较得到"妻子地位高""地位相同"和"丈夫地位高"三种类别，以第三类为参照②。

丈夫阶层地位及其原生家庭地位也是研究的核心自变量。根据刘欣提出的城市阶层划分框架③，以丈夫 14 岁时父亲的职业地位作为丈夫家庭地位，并以其初婚时的职业作为丈夫的初婚阶层地位。首先按照分层框架得到 17 类阶层位置，然后对这些位置进一步归类，最终得到社会上层、中层和下层这三大阶层结构。

第三个核心自变量是性别角色观念，它指的是个体对婚恋中男女两性所扮演角色地位的主观态度。由于跟踪调查难度较大，尤其是国内相关研究起步较晚，缺乏纵贯数据，要追溯到所有被访者初婚时点去测量当时的观念基本无从实现，因此"上海家庭调查 2010"只询问了被访者当下的性别角色观念。考虑到观念意识具有较强的稳定性，笔者将现时的性别角色观念作为初婚性别角色观念的替代变量处理。问卷中，我们从四个维度通过"很不同意—非常同意"的七级李克特量表测量④。

---

① 刘欣：《中国城市的阶层结构与中产阶层的定位》，《社会学研究》2007 年第 6 期；刘欣：《公共权力、市场能力与中国城市的中产阶层》，载周晓虹、谢曙光主编《中国研究》，社会科学文献出版社，2010，第 121 ~ 129 页。

② 首先根据刘欣的阶层框架，将夫妻的阶层地位划分为"社会上层""中产上层""中产下层""小业主与自雇者""技术工人与小职员""非技术工人""农林牧渔业劳动者" 7 大类，并依次赋值为 1 ~ 7，得到夫妻双方的阶层地位 $Class_h$ 和 $Class_w$；然后将夫妻的阶层地位相减，得到夫妻教育地位差 $Class_{h-w} = Class_h - Class_w$；再次按照 $Class_{h-w} < 0$、$Class_{h-w} = 0$、$Class_{h-w} > 0$ 界定为"丈夫地位高""地位相同"和"妻子地位高"。

③ 刘欣：《中国城市的阶层结构与中产阶层的定位》，《社会学研究》2007 年第 6 期。

④ 问题具体如下"您是否同意下列看法：（1）男女都一样，但最好有男孩；（2）恋爱约会时，应该男方埋单；（3）最好是男主外，女主内；（4）养家主要靠男人"答案分别是："很不同意"为 1，"非常同意"为 7，中间分为 6 等。需要说明的是，在调查中我们还问及了"女人有婚前性行为吃亏"和"应有一个子女与年迈双亲同住"，但考虑到与本研究对性别角色观念的定义有一定出入，故未纳入分析。

笔者首先将"很难说"赋值为4，再对量表做信度检验（alpha=0.646），而后对它们进行主成分因子分析。KMO和球形Bartlett检验结果表明，这些变量可以进行因子分析（见表5－1）。根据特征值大于1的原则，共得到1个公因子，即性别角色观念因子（见图5－1），其累计方差贡献率达致50%，即因子可以反映原指标五成以上的信息。

表5－1　因子分析的特征值、方差贡献率及KMO和球形Bartlett检验

类别	性别角色观念因子
特征值	1.999
方差贡献率(%)	49.99
累计方差贡献率(%)	49.99
Kaiser-Meyer-Olkin	0.652
球形 Bartlett 检验	291.012[***]

注：*** 表示在0.001水平上双尾显著。

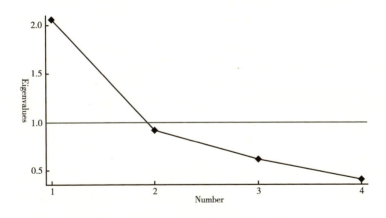

图5－1　特征根碎石图

3. 控制变量及其操作化

按照已有研究的通常做法，在分析过程中要将初婚年代、丈夫教育水平、丈夫阶层地位、原生家庭地位差异、夫方家庭地位、丈夫初婚年龄、夫妻户籍、独生子女与否和夫妻年龄差加以控制。其中，初婚年代分为"1955～1978年""1979～1992年"和"1993～2010年"三个阶段，并以第一个时期为参照；丈夫教育水平以"低"为参照①；原生家庭地位差异通过比较夫妻初婚时双方父亲的地位获得，分为"夫方高""夫妻相当"和"妻方高"三类，以"夫妻相当"为参照；夫妻户籍分为单方上海籍、双方上海籍和非上海籍三类，以双方上海籍为参照。

4. 数据描述性统计

为了表述方便，我们对"独立居住 vs 代间同住"和"从妻居 vs 从夫居"分别单独进行描述统计。表 5-2 呈现了独立居住与否的描述性统计，而表 5-3 则为代间同住的数据结构。

表 5-2　独立居住与否的描述统计

变　量	全部样本	夫方家庭地位		
		上层	中层	下层
分类变量				
独立居住	41.44	51.49	43.85	33.90
丈夫阶层地位				
上层	9.02	10.89	10.09	6.78
中层	64.53	69.31	67.19	58.90
下层	26.45	19.80	22.71	34.32
户籍				
本地	73.09	74.26	80.44	62.71
单方本地	9.17	9.90	10.41	7.20
外地	17.74	15.84	9.15	30.08
双/单非独生子女	88.84	87.13	87.07	91.95

---

① 将"小学及以下"和"初中"界定为"低"，"高中/中专/技校"界定为"中"，"大专""大学"和"研究生及以上"则为"高"。

续表

变　量	全部样本	夫方家庭地位		
		上层	中层	下层
初婚年代				
1955～1978	16.97	12.87	16.72	19.07
1979～1992	51.38	51.49	52.68	49.58
1993～2010	31.65	35.64	30.60	31.36
连续变量				
初婚年龄	28.26	28.61	28.77	27.42
	(3.76)	(3.44)	(3.60)	(3.96)
N	654	101	317	236

注：对类别变量，本表格只报告其各类别的百分比；连续变量则报告其均值，括号内是其标准差。

表 5-3　代间同住的描述统计

变　量	频　数	百分比	变　量	频　数	百分比
居住安排			独生子女		
从夫居	378	81.64	是	42	9.07
从妻居	85	18.36	否	421	90.93
夫方家庭地位			夫妻教育差		
上层	51	13.18	夫＞妻	120	25.92
中层	180	46.51	夫＝妻	280	60.48
下层	156	40.31	夫＜妻	63	13.61
丈夫阶层地位			夫妻地位差		
上层	32	7.06	夫＞妻	151	35.61
中层	297	65.56	夫＝妻	161	37.97
下层	124	27.37	夫＜妻	112	26.42
原生家庭地位差			夫妻年龄差		
夫＞妻	110	32.84	女大男小	55	11.88
夫＝妻	105	31.34	男女相当	277	59.83
夫＜妻	120	35.82	男大女小	131	28.29
户籍			初婚年代		
单方上海人	38	8.21	1955～1978	76	16.41
非上海人	71	15.33	1979～1992	268	57.88
双方上海人	354	76.46	1993～2010	119	25.7

变　量	均　值	最大值	最小值	标准差	有效样本量
性别观念	0.012	1.619	-2.433	0.984	456
丈夫初婚年龄	28.05	43	16	3.86	463
丈夫教育程度	11.593	19	1	2.655	463

（三） 统计模型与分析策略

本研究采用二分逻辑斯蒂（Binary Logit）回归模型来分析初婚居住安排。方程如下：

$$\ln\left(\frac{p_i}{1-p_i}\right) = \alpha + \beta X + \gamma C$$

其中，在独立居住的形成机制分析中，p_i 为独立居住的几率，$1-p_i$ 为代间同住的几率；X 为自变量矩阵，包括丈夫家庭地位虚拟变量和丈夫阶层地位虚拟变量，C 是控制变量矩阵，包括丈夫初婚年代虚拟变量、丈夫教育程度虚拟变量、丈夫初婚年龄、夫妻户籍、独生子女与否虚拟变量。

在代间同住的形成机制分析中，p_i 为从妻居的几率，$1-p_i$ 为从夫居的几率；X 为自变量矩阵，包括相对教育水平虚拟变量、相对阶层虚拟变量和性别角色观念，C 是控制变量矩阵，包括丈夫初婚年代虚拟变量、丈夫教育程度虚拟变量、丈夫阶层地位虚拟变量、原生家庭地位差异、夫方家庭地位、丈夫初婚年龄、夫妻户籍、独生子女与否虚拟变量及夫妻年龄差异。α 是截距项；β、γ 是回归系数向量。

根据先前的研究假设，笔者分别对上海常住居民进行回归分析，比较居住安排的不同影响因素。在模型设定上，采取嵌套的方式，对基准模型依次纳入核心自变量，以比较它们对模型的贡献率大小[1]。经过多元共线性诊断（multicollinearity diagnostics）之后，所有自变量的变异膨胀因子（variance inflation factor, VIF）均小于 1.5，故没有共线性之疑。最后，为了对回归结果进行敏感性分析（sensitivity analysis），本文又采用贝叶

---

① 调查问卷中只提供了被访者本人性别角色意识的信息，故本文未能进行夫妻意识的配对比较。

斯多重填补法①创建填补模型，以比较个案删除法和多重填补法的回归结果是否存在差异。

三　结果呈现

（一）初婚独立居住的影响因素分析

表 5-2 的描述性统计表明，来自不同地位家庭的城市居民在某些方面具有统计意义的显著差异。虽然不同家庭出身的夫妻在独生子女比例、初婚年代和丈夫初婚年龄上差异不明显，但是与丈夫出身为社会下层的夫妇相比，中层抑或上层家庭的子代更可能在初婚时离开双方家庭而独立居住（$X^2 = 10.49$，$p = 0.05$）。夫方家庭地位较高的夫妻，双方为本地户籍人口的比例要明显高于地位较低夫妻的相应比例，而且在丈夫初婚的平均年龄也显得略高。通过以上描述统计可以发现，在没有控制其他变量的情况下，夫方家庭地位对城市居民的初婚居住安排具有显著效应。然而，目前我们无法确定夫方家庭社会地位的净效应，以及与丈夫阶层地位的作用力相比，二者中谁的效应更强。接下去的部分将通过估计多元回归模型来考察夫方家庭社会地位和丈夫阶层地位对初婚居住安排是否产生及如何产生影响的。

表 5-4 报告了估计城市居民初婚时是否独立居住的二元 Logit 回归模型的结果。模型 1 为代际收入流动模型，它除了控制变量外，还纳入了男方家庭地位变量。结果表明，丈夫初婚年龄越大，其离开父母独立居住的几率是代间同住的 1.07 倍（$e^{0.071} = 1.07$）；与 1955~1978 年间结婚的夫妇相比，1979~1992 年间经历初婚的夫妇反而更可能与父母同住，但 1993~2010 年

---

① Treiman, D. J., *Quantitative Data Analysis: Doing Social Research to Test Ideas* (San Francisco: Jossey-Bass, 2009).

表 5 - 4 是否独立居住的二元 Logit 回归模型

	模型 1	模型 2	模型 3	模型 4
丈夫初婚年龄	0.071 **	0.076 **	0.071 **	0.064 **
	(0.024)	(0.024)	(0.024)	(0.021)
户籍				
单方本地	0.292	0.286	0.282	0.285
	(0.294)	(0.293)	(0.295)	(0.257)
非本地	0.389	0.291	0.396	0.608 **
	(0.243)	(0.238)	(0.244)	(0.221)
独生子女	0.400	0.430	0.393	0.246
	(0.276)	(0.273)	(0.277)	(0.248)
初婚年代				
1979~1992	-0.423 +	-0.384 +	-0.414 +	-0.378 +
	(0.232)	(0.231)	(0.233)	(0.214)
1993~2010	0.457 +	0.464 +	0.448 +	0.335
	(0.249)	(0.248)	(0.249)	(0.227)
夫方家庭地位				
上层	0.709 **		0.701 **	0.635 *
	(0.254)		(0.255)	(0.271)
中层	0.422 *		0.415 *	0.381 +
	(0.191)		(0.192)	(0.202)
丈夫阶层地位				
上层		0.257	0.179	0.376
		(0.321)	(0.325)	(0.289)
中层		0.091	0.032	0.082
		(0.194)	(0.196)	(0.181)
常数项	-2.758 ***	-2.659 ***	-2.785 ***	-2.615 ***
	(0.727)	(0.735)	(0.744)	(0.655)
个案数	654	654	654	810
Log Likelihood.	-416.754	-420.943	-416.598	—

注:括号内为标准误, *** p<0.001, ** p<0.01, * p<0.05, + p<0.1 (双尾检验)。

初婚的夫妇独立居住的几率要高出 57.9%。就笔者最关心的夫方家庭地位而言，原生家庭地位越高，其初婚居住安排为独立居住的可能性越高。具言之，出身中层和上层的夫妻离开父母"独住"的几率分别是出身下层家庭夫妻的 1.53 倍和 2.03 倍。由此，假设 1 得到经验资料的支持。

　　模型 2 是居住阶层化模型。与代际支持模型相比，控制变量对居住安排变量的影响相似，但丈夫阶层地位对因变量没有显著效应。具体而言，虽然丈夫阶层地位的系数皆为正，表明从调查样本发现丈夫阶层地位越高，其夫妻初婚独立居住的可能性更大，但无法推论总体。为此，假设 2 未能得到很好的支持。在模型 3 中，当控制了丈夫阶层地位后，夫方家庭地位对独立居住模式的正效应依然未消失。即，与参照组相比，丈夫来自中产家庭的夫妇初婚时独立居住的几率增加了 0.51 倍，来自上层家庭的夫妇的相应几率则增加 1.02 倍。

　　考虑到本研究所使用的调查数据中某些关键变量存在一定的数据缺失。通过将无缺失数据（删除所有带缺失数据的样本）样本的每个变量的均值和标准差与所观测样本计算的相应统计量的比较，结果证明缺失值不是随机的（MNAR），这很可能会导致统计结果有偏（bias）。为此，我们有必要对模型 3 的统计结果做敏感性分析（sensitivity analysis）。经过多重填补法，我们的有效样本量增加至 810 个，模型 4 是对此估计后的模型结果。经过比较发现，夫方家庭地位的系数值和显著度都略有变化，但其对初婚居住安排的影响是稳健的。

　　总而言之，在表 5－4 中的模型 4 和模型 3 中，除了户籍和初婚年代的效应存在一定的差异外，核心自变量的影响模式呈现相似性，并支持了假设 1。然而，假设 2 未能得到经验资料的支持。

（二）初婚代间同住的影响因素分析

　　表 5－5 报告了 1955～2010 年期间结婚的夫妇选择代间同

住方式的一组二元 Logit 回归模型。模型 5 是性别观念模型，模型 6 为相对资源模型，模型 7 为纳入交互项的性别观念模型，模型 8 为全模型，所有模型的卡方值在相应的自由度下，均具有高度的统计显著性（P < 0.001）。模型 9 是对运用贝叶斯多重填补法处理后的数据的回归模型。

表 5 – 5　初婚代间同住的 Logit 回归分析

	模型 5	模型 6	模型 7	模型 8	模型 9
性别观念	– 0.201		– 0.046	– 0.002	– 0.166
	(0.178)		(0.361)	(0.368)	(0.147)
女性 × 性别观念			– 0.156	– 0.281	
			(0.410)	(0.418)	
女性			1.268 ***	1.262 **	0.894 **
			(0.382)	(0.396)	(0.302)
夫妻教育差异					
夫 > 妻		– 0.096		– 0.003	– 0.332
		(0.449)		(0.465)	(0.357)
夫 < 妻		1.646 **		1.820 ***	0.945 *
		(0.501)		(0.542)	(0.397)
夫妻阶层差异					
夫 > 妻		– 0.779		– 0.731	– 0.586
		(0.420)		(0.436)	(0.347)
夫 < 妻		– 0.396		– 0.319	– 0.235
		(0.449)		(0.463)	(0.361)
夫方家庭地位					
上层	1.496 *	1.431 *	1.534 *	1.433 *	0.578
	(0.629)	(0.670)	(0.665)	(0.710)	(0.674)
中层	0.254	0.302	0.192	0.115	0.337
	(0.400)	(0.415)	(0.416)	(0.439)	(0.362)
原生家庭地位差					
夫 > 妻	– 0.655	– 0.668	– 0.536	– 0.515	– 0.033
	(0.531)	(0.550)	(0.547)	(0.567)	(0.456)
夫 < 妻	0.277	0.121	0.317	0.129	0.167
	(0.400)	(0.423)	(0.410)	(0.436)	(0.391)

续表

	模型 5	模型 6	模型 7	模型 8	模型 9
丈夫阶层地位					
上层	- 1.089	- 1.000	- 1.119	- 1.144	- 0.839
	(0.728)	(0.779)	(0.746)	(0.799)	(0.695)
中层	- 0.405	- 0.280	- 0.344	- 0.237	- 0.186
	(0.373)	(0.425)	(0.380)	(0.430)	(0.357)
丈夫教育程度	0.023	0.098	- 0.016	0.063	0.160 *
	(0.073)	(0.083)	(0.075)	(0.087)	(0.069)
初婚年代					
1979 ~ 1992	- 1.688 ***	- 1.876 ***	- 1.664 ***	- 1.850 ***	- 1.394 ***
	(0.409)	(0.429)	(0.427)	(0.452)	(0.353)
1993 ~ 2010	- 1.027 *	- 1.377 **	- 0.888	- 1.222 *	- 1.142 **
	(0.467)	(0.519)	(0.485)	(0.545)	(0.433)
其他控制变量	控制	控制	控制	控制	控制
常数项	0.223	0.051	- 0.238	0.089	- 2.056
	(1.725)	(1.768)	(1.783)	(1.882)	(1.421)
个案数	309	309	309	309	463

注：括号内为标准误，*** $p < 0.001$，** $p < 0.01$，* $p < 0.05$，+ $p < 0.1$。

　　模型 5 显示，性别观念对城市居民的居住安排没有显著效应。不过，1979 ~ 1992 年与 1955 ~ 1978 年初婚的夫妇在代间居住方式选择的差异上，具有统计显著性，而且前一组选择从夫居的几率最高（$p < 0.001$）。同时，与参照组相比，1993 ~ 2010 年初婚夫妇的从夫居几率要低于 1979 ~ 1992 年组。这很可能无法排除住房市场化以及生育政策所发挥的作用。譬如，有研究发现，第一代独生子女婚后与女方父母同住的比例和与男方父母同住的比例基本相当，显示出一种在婚后居住方式上的"男女平等"现象或"从夫居和从妻居相对平衡"的现象[1]。此外，

---

[1]　风笑天：《第一代独生子女婚后居住方式——一项 12 城市的调查分析》，《人口研究》2006 年第 5 期。

模型也显示,来自上层家庭的丈夫更可能选择从妻居,而具有高等教育水平的丈夫并没有显现出对从妻居这种婚居模式的"偏好",该结果与近期台湾地区的发现相左[1]。当然,这些结果并非笔者在此探讨的重点,下文不再展开。

模型 7 在模型 5 的基础上放入性别和性别与性别观念的交互项,以检验性别观念对居住模式选择是否存在性别效应。结果表明,交互项不显著,即性别角色观念对代间同住方式选择的影响没有因性别的不同而不同。不过,女性更倾向从妻居(p < 0.001)。与模型 5 相比,其他变量对居住安排的效应基本一致。

模型 6 在控制变量的基础上纳入了夫妻教育差异和阶层地位差异两个核心变量,构成了相对资源模型。在教育差异上,以夫妻教育水平相当为参照组,丈夫比妻子文化程度高对他们选择从妻居抑或从夫居没有显著效应,而妻子相对文化程度越高,越可能选择从妻居。由此,教育差异是居住安排的一个有效解释变量,假设 3a 得到了经验资料的支持。在相对阶层地位上,统计结果表明相对阶层地位并没有导致城市居民代间同住形式的异质性。这意味着假设 3b 没能获得充分支持。综合以上分析,我们认为经验结果支持了相对资源论。

全模型(模型 8)进一步表明,随着妻方教育地位优势的扩大,从妻居的几率有上升的趋势。相对"男女相当"而言,当妻子教育水平比丈夫高时,从妻居几率增加了 5.17 倍($e^{1.82} - 1 = 5.17$,p < 0.01),"男高女低"未能通过显著性检验,但系数为负。就夫妻阶层地位差而言,结果与模型 2 基本相似。此外,在控制了相对资源变量后,性别观念的效应在方向上仍然和模型 5 及模型 7 保持一致,仍然不显著。这表明经验资料未能很好地支持研究假设 4。

---

[1] 王俊豪:《台湾初婚夫妻的居住安排》,《人口学刊》2008 年第 37 期。

这里所使用的调查数据中的某些关键变量存在一定的数据缺失（见表5-6）。通过将无缺失数据（删除所有带缺失数据的样本）样本（N=309）的每个变量的均值和标准差与所观测样本的相应统计量的比较，结果证明缺失值不是随机的（MNAR），这很可能会导致统计结果有偏差（bias）。为此，有必要对先前的统计结果做敏感性分析（sensitivity analysis）。我们采用完全贝叶斯多重填补法[①]创建填补模型，以比较个案删除法和多重填补法的回归结果是否存在差异。

表5-6　样本缺失统计

变量	有效样本量	缺失	缺失率(%)
原生家庭地位差	335	128	0.28
夫方家庭地位	387	76	0.16
丈夫阶层地位	453	10	0.02
夫妻地位差	424	39	0.08
性别观念	456	7	0.02

模型9为基于多重填补数据的 Logit 回归。与全模型相比，包括性别观念、夫妻教育差异和夫妻阶层地位差异等核心自变量对居住方式的效应基本一致。具体而言，性别观念的系数为负，但不显著；女方文化程度比男方高，则越可能从妻居，不过填补数据中的系数有所减小，即相对教育地位对居住方式选择的作用有所弱化（p<0.05）；夫妻阶层地位差的两个系数都没有超过0.05的显著性水平。以上结果表明，笔者所得出的结果是稳健的。

[①]　Royston P., "Multiple Imputation of Missing Values," *Stata Journal* 4（2004）：227-241；White I. R., R. Daniel and P. Royston., "Avoiding Bias Due to Perfect Prediction in Multiple Imputation of Incomplete Categorical Variables," *Computational Statistics and Data Analysis* 54（2010）：2267-2275.

四 结论与展望

本章中笔者利用 SHFS2010 的资料对中国城市居民初婚居住安排的影响因素做了检验。主要研究发现：（1）夫妻双方谁的相对资源占有越多，越可能选择与己方的父母同住，具体而言，无论丈夫还是妻子，相对教育地位越高，越可能选择婚后在自己父母家同住；性别角色观念还不足以引起初婚时的居住安排差异。与此同时，笔者也发现女性更倾向于从妻居，而且夫方原生家庭地位高的初婚夫妇更有可能选择从妻居。（2）中国城市居民初婚时是否独立居住并不由夫妻阶层地位左右，而更多受制于原生家庭的社会地位。代际收入流动理论尽管源自经济学领域，但它可以较好地解释这一过程。该经验发现证明，在当下中国，青年夫妇在初婚时选择与父母同住还是自立门户，先赋性因素要强于自致性因素。当我们将居住安排置于家庭决策过程中时，会发现客观阶层地位通过住房获得影响了初婚夫妇的居住安排，其中，来自原生家庭的资源起到决定作用。以上结果进一步揭示了当下中国城市居民初婚居住安排模式的形成机制。

毋庸置疑，初婚居住安排离不开包括住房市场化、单位福利分房的退出、城市化等宏观结构性因素的制约，而且还不可避免地受到来自包括计划生育、居家养老等宏观社会政策的影响①。然而，在家庭这一微观层面，将居住安排作为家庭决策的后果来考察会发现夫妻双方的相对资源对从夫居或从妻居具有较强的解释力。这在一定程度上说明，在上海这个国际化大都市中，初婚夫妻的居住安排没有因为传统父权主义文化或现代夫妻平等观念

---

① 风笑天：《第一代独生子女婚后居住方式——一项 12 城市的调查分析》，《人口研究》2006 年第 5 期；谢桂华：《家庭居住模式与子女赡养》，《社会科学战线》2010 年第 2 期。

呈现明显差异，而相对资源占有的多寡所发挥的作用更大。同时，先赋性的绝对资源对是否独立居住的解释力颇为稳健，这表明收入代际流动成为初婚居住安排实现的又一重要机制。

以往的相关研究对代间同住的形成机制缺乏足够的重视，在研究设计上并未将其置于初婚时点考察。本章的研究重点将代间同住作为家庭决策的重要后果，通过上海的调查数据检验影响因素，寻求中国城市居民的初婚居住选择差异的形成机制。研究发现与国外学者的结论①相左，一定程度上表明了源自西方的理论解释还有待来自中国等其他国家（地区）资料的进一步检验。笔者的总体判断是：中国城市居民的初婚居住安排是由原生家庭阶层地位和夫妻阶层地位共同作用下所作出的家庭决策。具体而言，独立居住或代间同住主要和原生家庭的代际收入流动有关，而从妻居或从夫居则主要与夫妻阶层地位差异相关。

受资料所限，本研究未能将初婚时选择单门独户的夫妻的住房性质（产权、面积、购买形式等）、原生家庭的住房状况、配偶的兄弟姐妹数等变量纳入模型，这些变量是对中介变量"住房"的直接测度；同时，对于性别角色观念的测量并不是特别理想，尤其是未能同时测量夫妻双方初婚时的观念，解释力还不够高。关于未来的研究，笔者认为有两个方向值得进一步探讨：第一，延伸初婚居住安排的因果逻辑链。将初婚居住安排作为自变量，探究其对子女养育模式、代际关系、家庭凝聚力、幸福感等因变量的影响。第二，拓展居住安排的研究空间。初婚居住安排是家庭生命周期中的阶段性事件，通过分析居住安排在不同家庭阶段的变动，可以丰富对家庭生命周期的过程研究，探索社会制度环境对家庭变迁的特征和趋势所产生的影响。

---

① Kamo, Y., "Determinants of Household Division of Labor: Resources, Power, and Ideology," *Journal of Family Issues* 9 (1988): 177 - 200; Wilkie, J. R. Ferree, M. M. and Ratclife, K. S., "Gender and Fairness: Marital Satisfactionin Two-earner Couples," *Journal of Marriage and the Family* 60 (1998): 577 - 594.

第六章 资源分布、阶层 地位与社会支持[*]

社会支持是社会科学领域的重要议题之一。已有的相关研究主要将焦点集中在基于人际互动的社会网络与社会支持的分析上，对基于制度建构的正式网络相对重视不足。然而，不可否认的是，在一个"风险社会"，作为现代化产物的正式支持网络，对普通民众的日常生活发挥着尤为重要的作用。

本章的研究试图立足于宏观社会结构，将包括正式支持在内的社会支持体系作为研究的对象，重点探讨资源分布和阶层地位对华人社会城市居民的社会支持获得的影响。笔者沿着社会结构的分析路径，将社会支持置于儒家文化背景中进行考察，以来自中国大陆、香港和台湾地区的"亚洲民主动态"调查（Asia Barometer Survey 2006）资料为依据，探讨现代化、城市化和组织环境等引致的资源分布和个体的阶层地位是如何共同影响民众社会支持网获得的，试图通过比较研究揭示华人社会内部不同的支持网获得机制。

一 问题的提出

对社会支持的社会学研究绝大部分都聚焦在网络构成与社会支持的分析上，成果可谓汗牛充栋。学者们纷纷立足于

---

* 本章主体内容曾发表于《社会》2012 年第 4 期，在本书写作中已做重新修订。

网络结构观，主要从社会网络的结构、规模、密度、强度等
维度探讨网络对各种社会支持后果的影响以及社会支持网络
的致因①。然而，这些研究在探讨支持网时往往将着力点放在
基于家人、亲属、朋友、同事等人际关系（relationship）所组
成的非正式支持上，而对来自国家和社会的正式支持（抑或制
度性支持）及社会地位如何影响人们获取不同支持网缺乏应有
的重视。

随着现代化和城市化的推进，东亚各个国家和地区都在为
建立和完善包括养老、医疗、社会救助等在内的社会福利体系
进行着坚持不懈的努力②。在华人社会，虽然受到儒家文化的影
响，亲属关系在社会支持网中起到极为重要的作用③，然而，包
括福利体系在内的现代制度建构势必使原来过于依赖源自人际
网络的社会支持转向包括正式支持在内的更为多元化的社会支
持体系④。同为华人社会的中国大陆、香港和台湾地区，由于各

---

① 刁鹏飞：《华人社会中产阶级的社会支持网络——香港和北京的比较研究》，博
士学位论文，香港中文大学，2007；Lee, Rance P. L., Danching Ruan, and
Gina Lai. 2005. "Social Structure and Support Networks in Beijing and Hong
Kong," *Social Networks* 27（2005）：249 – 274；Lin, Nan, Xiaolan Ye, and
Walter M. Ensel., "Social Support and Depressed Mood: A Structural Analysis,"
Journal of Health and Social Behavior 40（1999）：344 – 359；Thoits, Peggy A.,
"Stress, Coping, and Social Support Processes: Where Are We? What Next?"
Journal of Health and Social Behavior 35（1995）：53 – 79.

② 林闽钢、吴小芳：《代际分化视角下的东亚福利体制》，《中国社会科学》2010
年第 5 期；Aspalter, C., *Conservative Welfare State Systems in East Asia*
（Westport, CT: Praeger Publishers, 2001）。

③ Lau, Siu-Kai., "Chinese Familism in an Urban-Industrial Setting: The Case of Hong
Kong," *Journal of Marriage and Family* 43（1981）：977 – 992；Lee, Rance
P. L., Danching Ruan, and Gina Lai., "Social Structure and Support Networks in
Beijing and Hong Kong," *Social Networks* 27（2005）：249 – 274；Son, Joonmo,
Nan Lin, and Linda K. George., "Cross-National Comparison of Social Support
Structures between Taiwan and the United States," *Journal of Health and Social
Behavior* 49（2008）：104 – 118.

④ Fischer, C. S., *The Urban Experience* (New York: Harcourt Brace Jovanovich,
1976)。

地区经济发展和福利供给水平参差不齐，很可能会对人们的社会支持网络的选择产生相应的影响。

本章的研究正是基于目前已有文献中对正式支持及支持获得的结构性因素缺乏足够关注的理论背景，试图从社会结构的视角去探讨华人社会的支持网络，跳出传统社会支持研究的"社会关系"局限，从宏观资源结构和阶层地位出发来分析城市居民的社会支持获得。

二 资源分布—阶层地位：一个新分析框架的尝试

社会结构与支持网络的研究主要讨论宏观社会结构和阶层结构对个体社会交往的范围和构成的作用力。宏观社会结构强调政策、社会资源分布等对个体社会支持网的影响，其社会支持不仅包括非正式支持，还包括源自国家和市场的正式支持[1]；阶层结构强调个体的婚姻地位、社会经济地位（SES）、教育程度和职业地位等对人们社会支持网的影响，它更关注社会交往基础上的社会网络[2]。其中，最具代表性的理论观点有"资源分布论"和"地位限制论"。

"资源分布论"指出，一个社会的经济资源配置、政治权力结

---

[1] House, J. S., D. Umberson, and K. R. Landis., "Structures and Processes of Social Support," *Annual Review of Sociology* 14 (1988): 293 – 318; House, James S., "Social Support and Social Structure," *Sociological Forum* 2 (1987): 135 – 146.

[2] 张文宏：《中国城市的阶层结构与社会网络》，上海人民出版社，2006；Bian, Yanjie, Ronald Breiger, Deborah Davis, and Joseph Galaskiewicz., "Occupation, Class, and Social Networks in Urban China," *Social Forces* 83 (2005): 1443 – 1468; Lee, Rance P. L., Danching Ruan, and Gina Lai., "Social Structure and Support Networks in Beijing and Hong Kong," *Social Networks* 27 (2005): 249 – 274; Turner, R. Jay, and Franco Marino., "Social Support and Social Structure: A Descriptive Epidemiology," *Journal of Health and Social Behavior* 35 (1994): 193 – 212.

构会影响个体对关系网络的选择和运用①。该理论将资源获取途径划分为市场交换（market exchange）、制度资源（institutional resource）和基于亲属关系的非正式支持三种，使经济、政治和个体的生活选择联系在了一起。由此，在一个社会中，工作单位决定个体生活资源获得，那么个体会发展更多的工作关系以确保资源的获取；假如是家族或家庭决定个体生活资源，则个体的社会交往会偏重家庭纽带；当一个社会缺乏市场和社会服务，个体就不得不依赖工作组织和家庭获得必需的资源②。"分布论"得到了许多经验资料的支持③。

"地位限制论"则认为，社会阶层制约着人们的社会交往和互动。布劳在《不平等与异质性》一书中指出，级别和等级的分布造就了人们社会交往的结构性机会和限制；人们与处在相似位置上的个体之间的交往机会，要高于那些位置距离较远的个体的交往机会；等级位置较高的个体主导社会交往④。由于社会网络的生成和维系需要付出一定的资源，那些在经济、权力和声望上拥有优势资源的人，同样也可以结成优势的关系网络⑤，生成不同的

① Wellman, Barry., "The Place of Kinfolk in Personal Community Networks." *Marriage & Family Review* 15 (1990): 195–228.
② 刁鹏飞:《华人社会中产阶级的社会支持网络——香港和北京的比较研究》，博士学位论文，香港中文大学，2007，第10~11页。
③ Höllinger, Franz, and Max Haller., "Kinship and Social Networks in Modern Societies: A Cross-Cultural Comparison among Seven Nations." *European Sociological Review* 6 (1990): 103–124; Lai, Gina., "Social Support Networks in Urban Shanghai." *Social Networks* 23 (2001): 73–85; Lee, Rance P. L., Danching Ruan, and Gina Lai., "Social Structure and Support Networks in Beijing and Hong Kong." *Social Networks* 27 (2005): 249–274.
④ Blau, P. M., *Inequality and Heterogeneity: A Primitive Theory of Social Structure.* (New York: Free Press, 1977), p.281.
⑤ Lin, Nan., *Social Capital: A Theory of Social Structure and Action.* (New York: Cambridge University Press, 2001); Lin, Nan, John C. Vaughn, and Walter M. Ensel., "Social Resources and Occupational Status Attainment." *Social Forces* 59 (1981): 1163–1181.

社会网络形态①。那些处于较高阶层位置的人们更可能接触到较多资源占有的个体，形成同质性更强的社会网络②；地位较低的个体，即便拥有异质性较强的社会网络，也终究受制于阶层位置，所能动员的资源也颇为有限。

虽然资源分布论和地位限制论都试图解释个体的社会支持获得，但是资源分布论忽视文化对个体选择的影响，有决定论之嫌③，地位限制论则强调社会结构对社会交往所形成的支持网络的影响，对宏观的资源结构却重视不足④。本章节的研究试图在这两种理论视角的基础上，尝试将两者相结合，以提出一个新的结构分析框架去分析个体的社会支持获得议题。

"结构与行动"（即，结构制约下的行动选择）作为传统结构社会学中的基本理论问题之一⑤，在不同研究视角中存有一

① 边燕杰、李煜：《中国城市家庭的社会网络资本》，载清华大学社会学系编《清华社会学评论》（第 2 辑），鹭江出版社，2001，第 1 ~ 18 页；张文宏：《中国城市的阶层结构与社会网络》，上海人民出版社，2006；Bian, Yanjie, Ronald Breiger, Deborah Davis, and Joseph Galaskiewicz. , "Occupation, Class, and Social Networks in Urban China," *Social Forces* 83 (2005): 1443 – 1468; Marsden, Peter V. , "Core Discussion Networks of Americans," *American Sociological Review* 52 (1987): 122 – 131; Ruan, Danching. , "Interpersonal Networks and Workplace Controls in Urban China," *The Australian Journal of Chinese Affairs* 29 (1993): 89 – 105。

② Blau, P. M. , and J. E. Schwartz. , *Crosscutting Social Circles: Testing a Macrostructural Theory of Intergroup Relations* (NJ: Transaction Publishers, 1997); Laumann, E. O. , *Bonds of Pluralism: the Form and Substance of Urban Social Networks* (New York: John Wiley & Sons, 1973); McPherson, Miller, Lynn Smith-Lovin, and James M. Cook. , "Birds of a Feather: Homophily in Social Networks," *Annual Review of Sociology* 27 (2001): 415 – 444.

③ 刁鹏飞：《华人社会中产阶级的社会支持网络——香港和北京的比较研究》，博士学位论文，香港中文大学，2007，第 12 页。

④ 张文宏：《中国城市的阶层结构与社会网络》，上海人民出版社，2006，第11 ~ 13 页。

⑤ Giddens, A. , *The Constitution of Society: Outline of the Theory of Structuration* (Cambridge: Polity Press, 1984), 1 – 40; Granovetter, M. , "Economic Action and Social Structure: the Problem of Embeddedness," *American Journal* （转下页注）

定的差异。相比于网络结构观强调基于人际互动的社会网络，地位结构观主要强调基于市场能力、工作关系抑或生产关系中的资产控制权等的阶层地位。阶层地位通过形塑不同地位群体的社会行动，最终建立标识自身阶级属性的"边界"①。然而，阶层地位对行动的塑造绝非"纯粹"，该过程离不开包括组织、政治、市场等在内的社会环境②的作用。由此，我们在讨论社会支持获得时，只采纳"资源分布论"和"地位限制论"中的某一者，都可能存在一定的理论缺陷。因此，笔者试图将以上两种视角结合起来，提出"资源分布—阶层地位"分析框架（见图 6-1），以比较华人社会城市居民的社会支持获得。

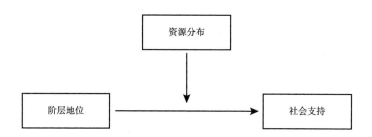

图 6-1　"资源分布—阶层地位"分析框架

（接上页注⑤）*of Sociology* 91（1985）：481–510；Granovetter, M., "The Impact of Social Structure on Economic Outcomes." *The Journal of Economic Perspectives* 19（2005）：33–50；Lin, Nan., *Social Capital: A Theory of Social Structure and Action*.（New York: Cambridge University Press, 2001）.

① Bourdieu, P., *Distinction: A Social Critique of the Judgement of Taste*.（Cambridge, MA: Harvard University Press, 1984）; Wright, Erik Olin., *Class*.（London: Verso, 1985）.

② Hsiao, Hsin-Huang., *Discovery of the Middle Classes in East Asia*（Taipei: Institute of Ethnology, Academia Sinica, 1993）; Wright, E. O., *Class Counts: Comparative Studies in Class Analysis*（New York: Cambridge University Press, 1997）.

三 东亚华人社会支持体系的制度差异

中国大陆从再分配向市场的转型过程中，直到 2007 年才开始步入社会主义市场经济与适度普惠社会福利阶段，在此前（1984～2007 年）一直处于以补缺型福利、重收入保障的狭义性福利和二元而非城乡统一的福利等为特征的改革开放与社会福利加速发展阶段①。补缺型社会福利制度（Residual Welfare）强调社会福利只在市场和家庭制度失效时发挥作用②。改革开放后，中国大陆推动的首先是收入保障制度的建设，虽然已明显弱化的"单位制"对个体的社会支持功能并没有消失殆尽③，但是社会福利服务提供由于种种限制，仍然有很多社会群体的需求未能完全满足④。

被誉为"亚洲四小龙"的中国香港和台湾地区在 20 世纪六七十年代实现经济腾飞后，逐渐认识到国家福利在经济增长中的重要意义，其社会政策设计和发展战略具有明显的生产主义倾向⑤，即

---

① 彭华民、齐麟：《中国社会福利制度发展与转型：一个制度主义分析》，《福建论坛》2011 年第 10 期。

② Chan, Chak-Kwan., "Welfare Policies and the Construction of Welfare Relations in a Residual Welfare State: The Case of Hong Kong," *Social Policy & Administration* 32 (1998): 278 – 291; Wilensky, H. L., and C. N. Lebeaux., *Industrial Society and Social Welfare* (New York: Free Press, 1965).

③ Ruan, Danching., "Interpersonal Networks and Workplace Controls in Urban China," *The Australian Journal of Chinese Affairs* 29 (1993): 89 – 105.

④ 彭华民、齐麟：《中国社会福利制度发展与转型：一个制度主义分析》，《福建论坛》2011 年第 10 期；郑功成：《中国社会福利改革与发展战略：从照顾弱者到普惠全民》，《中国人民大学学报》2011 年第 2 期。

⑤ 林卡、赵怀娟：《论"东亚福利模式"研究及其存在的问题》，《浙江大学学报》（人文社会科学版）2010 年第 5 期；Aspalter, C., *Conservative Welfare State Systems in East Asia* (Westport, CT: Praeger Publishers, 2001); Chan, Chak-Kwan., "Welfare Policies and the Construction of Welfare Relations in a Residual Welfare State: The Case of Hong Kong," *Social Policy & Administration* 32 (1998): 278 – 291; Peng, Ito, and Joseph Wong., "Institutions and Institutional Purpose: Continuity and Change in East Asian Social Policy," *Politics & Society* 36 (2008): 61 – 88.

"生产主义的福利资本主义（Productivist Welfare Capitalism）。"[1]
该福利体系的重要特征之一是社会投资倾向于教育、住房、卫
生等方面，社会保障体系注重社区、公司和家庭在福利提供方
面的功能，其职业福利在该体系中具有重要地位。在香港特区，
尽管社会保险制度落后（没有退休、失业和医疗保险），但却
拥有全民健康服务、免费基础教育，几乎没有公民因为经济理
由而未能得到收入、医疗、居住及教育等基础性生活保障，福
利组织广泛参与社会服务供给，就此而言香港特区算得上一个
名副其实的福利地区[2]。台湾地区早在 1995 年就将国民健康保
险（National Health Insurance）从职业服务转为全民服务，并强
制全体公民参加[3]。目前，台湾地区基本形成了劳工权益保障、
医疗健康保险和职业性保障三大社会福利体系[4]。

　　比较而言，中国大陆与港台地区由于经济、社会和政治等
方面的差别，呈现出社会福利模式和制度设计上的差异。作为
重要内容的社会支持体系，在覆盖面、强度和可及性等方面，
港台地区都处于优势地位。中国大陆的社会福利受到包括体制
差异、城乡差异和地区差异等诸多制度性分割[5]，现有社会保险

①　Holliday, I., "Productivist Welfare Capitalism: Social Policy in East Asia," *Political Studies* 48（2000）: 706 - 723; Holliday, I., and P. Wilding., *Welfare Capitalism in East Asia: Social Policy in the Tiger Economies*（Basingstoke: Palgrave Macmillan, 2003）；事实上，学界对是否存在"东亚福利体系"还存在诸多争议。然而，这并不是本研究讨论的重点，在此不予赘述。
②　王卓祺：《绪论：东亚福利模式、优势及特征》，载王卓祺主编《东亚国家和地区福利制度：全球化、文化与政府角色》，中国社会出版社，2011，第 4 页。
③　黄圭振：《东亚福利资本主义的发展：以日本、韩国与台湾为例》，《公共行政评论》2010 年第 6 期。
④　韩克庆、金炳彻、汪东方：《东亚福利模式下的中韩社会政策比较》，《经济社会体制比较》2011 年第 3 期；Aspalter, C., "The East Asian Welfare Model," *International Journal of Social Welfare* 15（2006）: 290 ~ 301。
⑤　李迎生：《从分化到整合：二元保障体系的起源、改革与前瞻》，《教学与研究》2002 年第 8 期；郑功成：《中国社会保障改革与制度建设》，《中国人民大学学报》2003 年第 1 期。

制度并没有发挥对市场竞争的最差结果予以修正的作用①。港台地区的市场化程度较高，个体选择诸如银行信托、社会保险等由市场提供的正式支持的空间相对较大。而且，香港的中产阶层从市场化获得支持的比例要明显高于北京的中产阶层②。

四　研究假设的提出

有关华人社会的社会支持研究③，都表明家庭成员或近亲（close kin）在社会支持网中扮演重要角色，甚至呈现明显的工具主义取向④。这些结论与西方学者的研究发现基本相似⑤。进一步而言，个体乃至家庭所处的阶层地位越高，越有可能拥有较强的社会网络，并从中得到更强的工具性支持⑥。在中国大陆，由于经济结构带来了资源拥有的不平等，进而使得专业行政管理阶层的总体网络规模及非亲属网络规模大于工人阶层，前者的关系种类及非亲属关系种类比后者更多元化，具有更明

① 杨伟民：《当前中国的社会保险在社会分层中的作用》，《社会学研究》2005 年第 5 期。
② 刁鹏飞：《华人社会中产阶级的社会支持网络——香港和北京的比较研究》，博士学位论文，香港中文大学，2007，第 127 页。
③ Lai, Gina. , "Social Support Networks in Urban Shanghai," *Social Networks* 23 (2001): 73 – 85; Lau, Siu-Kai. , "Chinese Familism in an Urban-Industrial Setting: The Case of Hong Kong," *Journal of Marriage and Family* 43 (1981): 977 – 992; Lee, Rance P. L. , Danching Ruan, and Gina Lai. , "Social Structure and Support Networks in Beijing and Hong Kong," *Social Networks* 27 (2005): 249 – 274; Son, Joonmo, Nan Lin, and Linda K. George. , "Cross-National Comparison of Social Support Structures between Taiwan and the United States," *Journal of Health and Social Behavior* 49 (2008): 104 – 118.
④ 张文宏、阮丹青：《城乡居民的社会支持网》，《社会学研究》1999 年第 3 期。
⑤ Wellman, Barry. , "The Community Question: The Intimate Networks of East Yorkers," *American Journal of Sociology* 84 (1979): 1201 – 1231; Shorter, E. , *The Making of the Modern Family* (New York: Basic Books, 1975).
⑥ Lin, Nan. , "Social Networks and Status Attainment," *Annual Review of Sociology* 25 (1999): 467 – 487.

显的"结构洞"[1]；户主为体力劳动者的家庭的社会交往被局限在狭小的社会空间内，户主为非体力劳动者的家庭偏向于阶层内交往，其社会纽带更强[2]。在其他华人社会（香港、台湾地区等），亦有类似的经验发现。台湾的研究表明小资产阶级有丰富的社会资源[3]，而工人倾向于阶级内建立密切关系网络。在香港，家庭收入越高，则越可能选择从亲属那里获取工具性支持[4]。

　　然而，随着工业化和城市化逐渐改变家庭规模、结构和居住方式，亲属关系日趋淡化，正式支持体系影响城市居民的社会网络构成，对非正式支持的冲击在所难免[5]。当我们将社会支持选择置于"资源分布—阶层地位"框架后，可以推演出由于社会政策制定和经济社会发展水平不同所产生的地区资源分布格局，很可能对处于相同阶层地位的人们在进行社会支持选择时，呈现不同的特征。具体来说，在不同资源分布的地区中，阶层位置对人们支持网络的选择具有交互效应。

　　在中国大陆，不论身处再分配体制还是市场体制，人们大多都能得到来自国家的正式支持；对劳动力市场之外的人们而言，囿于普惠型福利制度的欠完善，他们被迫寄希望于从非正式渠道获取社会支持。换言之，在遭受重大的生活冲击后，只有身处较高阶层地位的人们在获得非正式支持的同时，才更有

---

[1]　张文宏、李沛良、阮丹青：《城市居民社会网络的阶层构成》，《社会学研究》2004 年第 6 期；张文宏：《城市居民社会网络资本的阶层差异》，《社会学研究》2005 年第 4 期。

[2]　Bian, Yanjie, Ronald Breiger, Deborah Davis, and Joseph Galaskiewicz., "Occupation, Class, and Social Networks in Urban China," *Social Forces* 83 (2005): 1443 – 1468.

[3]　熊瑞梅、黄毅志：《社会资源与小资本阶级》，《中国社会学刊》1992 年第 16 期。

[4]　Lee, Rance P. L., Danching Ruan, and Gina Lai., "Social Structure and Support Networks in Beijing and Hong Kong," *Social Networks* 27 (2005): 249 – 274, table 3.

[5]　Fischer, C. S., *The Urban Experience* (New York: Harcourt Brace Jovanovich, 1976).

机会依赖于正式支持。在港台地区，由于社会福利供给更为充裕和均等化，城市居民同时选择两种支持体系的机会很可能会高于中国大陆。因此笔者提出如下假设。

假设1：在控制其他变量的前提下，阶层地位越高的港台地区城市居民比中国大陆居民更可能选择混合支持。

此外，在单独选择非正式支持抑或正式支持时，中国大陆的城市居民囿于现有社会保障制度和福利供给的局限，阶层地位高的居民获得正式支持的可能性要高于地位较低者。在港台地区，市场化和福利体系的完善，很可能带来城市居民的正式支持可及性更为均等。相比较而言，大陆居民的选择性甚至比港台地区还要高。因而笔者预计如下假设。

假设2：在控制其他变量的前提下，阶层地位越高的中国大陆城市居民比港台地区居民更可能选择正式支持。

阶层地位，作为社会分层与流动领域的核心概念，其测量也比较复杂。在这里笔者采用教育程度和受雇地位作为阶层地位的主要测量。不论在新马克思主义（Wright框架）、新韦伯主义（EGP框架）还是社会经济地位（SEI）等不同的理论流派，都将教育水平作为阶层地位的指标，其效度得到了国际学术界的普遍认可。因此，笔者强调教育程度和社会支持的潜在获取能力密切相关。社会交往的同质性准则（homophily principle）表明，人们根据同质性原则去构建各不同类型的社会关系网络，结果造成个体所拥有的社会网络在包含社会人口特征、行为特征以及内在心理特质等诸方面都具有同质性[1]，那么，受教育程度的参差不齐自然会导致社会网络的构成和规模的阶层差异。

[1] McPherson, J. M. , and L. Smith-Lovin. , "Homophily in Voluntary Organizations: Status Distance and the Composition of Face-to-face Groups," *American Sociological Review* 52 (1987): 370 – 379; McPherson, Miller, Lynn Smith-Lovin, and James M. Cook. , "Birds of a Feather: Homophily in Social Networks," *Annual Review of Sociology* 27 (2001): 415 – 444.

与此同时，职业福利往往是和劳动契约下的现代职业分工体系相匹配的[①]。譬如，与工人阶级相比，中产阶级获得的是"薪酬"（salary）而非"工资"（wages），他们在包括薪酬机制、就业保障以及退休待遇等职业机遇（career opportunities）上都比工人阶级优越得多[②]。因此，我们可以将假设 1 和假设 2 进一步推演为如下 4 个子假设。

假设 1a：相对非正式支持而言，受教育程度越高的港台地区城市居民比中国大陆居民更可能选择混合支持。

假设 1b：相对非正式支持而言，雇佣地位越高的港台地区城市居民比中国大陆居民更可能选择混合支持。

假设 2a：相对非正式支持而言，受教育程度越高的中国大陆城市居民比港台地区更可能选择正式支持。

假设 2b：相对非正式支持而言，雇佣地位越高的中国大陆城市居民比港台地区更可能选择正式支持。

五　数据、变量与统计方法

（一）数据

本章的研究所使用的数据来自东京大学东亚研究与信息中心主持的"亚洲民主动态调查"（Asia Barometer Survey 2006，简称 ABS2006）[③]。2006 年，该项目对东南亚七个国家和地区进行了问卷调查，其中包括中国大陆、香港和台湾地区等华人社会。所有的调查皆由东京大学与调查国（地区）当地的社会机

① Esping-Andersen, G., *The Three Worlds of Welfare Capitalism* (Cambridge: Polity Press, 1990).
② Erikson, R., and J. H. Goldthorpe., *The Constant Flux: A Study of Class Mobility in Industrial Societies* (Oxford: Clarendon Press, 1992), 41–42.
③ 有关该项目的具体情况，请详见 https://www.asiabarometer.org/。

构合作完成。

该调查采用多阶段分层随机抽样。[①] 其中，中国大陆的问卷调查由中国社会科学院调查中心负责组织执行。在抽样上，首先根据 2005 年《中国人口统计年鉴》，依据人口规模将中国分成 5 类地区，并同时考虑到东中西部；然后从 2005 年的人口统计年鉴上随机抽取 100 个市县组成初始 PSU，并在每个 PSU 中随机选择 2 个抽样点（社区/村）；最后，在每个点按照系统抽样的方法选取 10 名被访者。2006 年的调查在中国大陆、香港和台湾地区获得的有效样本量分别为 2000、1000 和 1006[②]。考虑到数据的可比性，我们只选择了三地的城市样本，数据整理后得到有效样本量为 2623 的数据集，中国大陆、港台的样本量分别为 996、929 和 698。

（二）变量

1. 因变量及其操作化

目前，在个体的社会支持网络的测量中，主要存在定名法（name-generator）和定位法（position-generator）之分。在具体操作上往往限定在特定时间内在某些情境下曾经发生的社会支持交换关系网络，这些情境包括情感问题、财务问题、婚姻问题、工作问题和决策问题等[③]。在本研究中，因变量仅限于个体的经济支持网。在调查中，问及被调查者"如果您家庭中维持生计的人不幸去世或因病不能再工作，您的家庭将会怎样继续

---

① 由于篇幅所限，本文只呈现了中国大陆调查的抽样方案，读者若要了解其他国家（地区）的抽样方案，请查阅该调查的官方网站：https：//www.asiabarometer.org/en/surveys/2006。

② 中国大陆城乡样本量各为 1000，台湾地区的城乡样本量分别为 725 和 281。

③ Lai, Gina. , "Social Support Networks in Urban Shanghai," *Social Networks* 23 (2001)：73 – 85；Ruan, Danching, Linton C. Freeman, Xinyuan Dai, Yunkang Pan, and Wenhong Zhang. , "On the Changing Structure of Social Networks in Urban China," *Social Networks* 19 (1997)：75 – 89.

维持生计？请从以下选项中选出两项"，备选项有 10 个。① 笔者将只在"家庭中另外一个成人会成为主要收入支柱""会让一个或更多的孩子去工作""会从亲戚处寻求帮助""会从邻居中寻求帮助"和"找教友帮助"中选择 1 项或 2 项的归为一类，定义为非正式支持网，重新赋值为"1"；将只选择"会去申领社会福利费""退休津贴""已有保险可应付这一情况"或"其他"归为一类，即从正式支持网获取帮助，赋值为"2"；除此之外的选择类型，同时选择正式支持和非正式支持，归为第三类——混合支持网，赋值为"3"。

2. 核心自变量及其操作化

阶层分化从 2 个维度加以测量：（1）受教育水平。将"小学及以下"和"初中"界定为"低"，"高中/中专/技校"界定为"中"，"大专""大学"和"研究生及以上"则为"高"。以教育程度"低"为参照，其他分别进行 0～1 虚拟变量编码。（2）受雇地位。在调查问卷中，职业被分为 18 种②。笔者将选项 1～6 界定为自雇者，选项 7～13 为被雇者，选项 14～18 为未被雇者。并以未被雇者为参照。

---

① 由于本研究的重点是考察个体面对正式支持与非正式支持时的可能选择，在测量上有别于传统的方法，即在问题的答案中设置了多个正式支持项。此外，该测量主要是使用假设的状态来测量受访者可能寻求支持网的意愿，而有别于一般的让被访者回忆特定情境下的社会支持网选择。这主要受制于所假定的情境是一种极端情形，因此无法采用传统的"客观"方式去测量。当然，该方法尽管避免了受访者回忆过去发生事件的偏差，但也使得测量结果有"理想化"之嫌。

② 具体如下：（1）农业、林业或渔业的自营业者；（2）采掘业、制造业的私营业主（员工数少于 30 人）；（3）批发和零售贸易、餐饮业的私营业主（员工数少于 30 人）；（4）小贩或街头买卖人；（5）企业老总或经理（员工数大于 30 人）；（6）自己开业的专业人员（开业医生、律师、作家等）；（7）企业高级管理人员（员工数 300 人及以上企业的部门主管及以上，员工数 300 人以下的企业的经理及以上）；（8）受聘的专业人员（医院医生、受聘律师、工程师等）；（9）文员或企业一般职员；（10）营业人员；（11）技术工人（熟练或不熟练）；（12）司机；（13）其他类型的工人；（14）家庭主妇；（15）学生；（16）退休人员；（17）没有工作；（18）其他无业状况。

3. 控制变量及其操作化

按照已有研究的通常做法，将性别、年龄、婚姻状况加以控制。其中，性别以女性为参照；婚姻状况分为独身（包括单身、离异/分居、丧偶、其他）和已婚，以独身为参照。考虑到家庭经济地位①、在职人数和社会信任度②都有可能影响个体社会支持的选择，笔者也将它们一并控制。表6-1为整理后的数据结构和变量概况。

表6-1 变量的描述统计

变　量	样本量	中国大陆	中国香港	中国台湾	最大值	最小值	标准差
因变量(%)							
非正式支持	2623	40.76	39.72	30.8	1	0	0.485
正式支持	2623	13.55	10.66	11.6	1	0	0.34
控制变量							
性别(1=男)	2623	50.2	48.44	51.29	1	0	0.5
年龄ᵃ	2623	40.85	40.74	40.21	69	20	40.64
婚姻(1=已婚)	2623	76.31	62.43	69.05	1	0	0.461
家庭在职人数ᵇ	2623	2.15	1.86	2.23	6	0	2.069
社会信任(1=信任)	2623	65.76	34.88	42.12	1	0	0.5
家庭经济地位(%)							
中	2623	18.67	49.95	63.9	1	0	0.493
高	2623	24.9	6.69	18.05	1	0	0.382
自变量							
教育(%)							
中等	2623	28.31	42.3	40.4	1	0	0.481
高等	2623	43.07	15.93	31.66	1	0	0.46
受雇地位(%)							
被雇	2623	53.82	61.79	53.01	1	0	0.496
自雇	2623	18.98	3.66	16.05	1	0	0.334

注：a b 为均值。

---

① ABS2006项目组依据2006年各地的人均GDP及居民收入水平制定了家庭收入划分标准，将所有家庭分为高、中、低三个层次。我们以低收入为参照，中等收入和高收入分别做虚拟化处理。由于篇幅所限，文中无法将标准列出。

② 测量社会信任度的问题为"一般来说，您是认为大多数人值得信任呢，还是认为对他人最好时刻保持警惕？（限选一项）1. 大多数人值得信任；2. 最好时刻保持警惕；3. 不清楚"。

（三）统计模型与分析策略

本研究采用 Multinomial Logit 回归模型来分析华人社会的支持网。根据先前的研究假设，我们分别对中国大陆、香港和台湾地区进行回归分析，以比较华人社会城市居民在社会支持网络选择上的异同。在模型中，同时纳入控制变量和核心自变量。通过多元共线性诊断（multicollinearity diagnostics）之后，所有自变量的变异膨胀因子（variance inflation factor，VIF）均小于 2，故没有共线性之疑。此外，用 Hausman 检验对模型是否违背 IIA 原则进行检验，结果表明，被择项的差异并非系统性所造成，故模型没有违背 IIA 假定。

六　经验发现

表 6 - 2 中列出了社会支持网对阶层结构等变量的多类别 Logit 回归系数。其中，模型 1 为基准模型，主要考察控制变量对居民社会支持网络选择的影响。在华人社会，年龄越长的城市居民选择正式支持的几率相比较于混合支持要略高（$e^{0.0162}$ － 1 = 0.016，p < 0.01）。而且在其他模型中，该系数始终较为稳定。此外，家庭在职人数越多，被访者越倾向于选择非正式支持，家庭经济地位也明显影响个体的支持选择，这不可否认家庭成员在个体生活中仍然发挥着极为重要的作用[1]。不过，以上结果都不是本章节所研究的重点，此处不再赘述。

模型 2 中，笔者加入了国别（地区）变量，解释力有所上升。与中国大陆相比，港台地区城市居民选择非正式支持的几率比选择

---

[1]　张文宏、阮丹青：《城乡居民的社会支持网》，《社会学研究》1999 年第 3 期；Ting, Kwok-fai, and Stephen W. K. Chiu., "*Leaving the Parental Home: Chinese Culture in an Urban Context*," Journal of Marriage and Family 64 （2002）: 614 - 626.

表 6 - 2 社会结构影响城市居民支持网络的 Logistic 回归

变量	模型 1			模型 2			模型 3			模型 4		
	I vs M	F vs M	F vs I	I vs M	F vs M	F vs I	I vs M	F vs M	F vs I	I vs M	F vs M	F vs I
性别(1=男)	0.0153 (0.08)	0.0986 (0.13)	0.0797 (0.13)	0.0208 (0.09)	0.0982 (0.13)	0.0738 (0.13)	0.0738 (0.09)	0.0984 (0.13)	0.0247 (0.14)	0.0918 (0.09)	0.101 (0.13)	0.00947 (0.14)
年龄	0.00546 (0.00)	0.0162** (0.01)	0.0108+ (0.01)	0.006 (0.00)	0.0172** (0.01)	0.0112+ (0.01)	-0.000143 (0.00)	0.0218*** (0.01)	0.0220*** (0.01)	0.00216 (0.00)	0.0220*** (0.01)	0.0199** (0.01)
婚姻(1=已婚)	-0.0889 (0.11)	-0.0393 (0.16)	0.0511 (0.16)	-0.104 (0.11)	-0.079 (0.16)	0.0251 (0.17)	-0.0737 (0.11)	0.00873 (0.16)	0.0824 (0.17)	-0.0899 (0.11)	-0.0137 (0.08)	0.0763 (0.17)
家庭在职人数	0.153*** (0.05)	-0.0828 (0.07)	-0.237*** (0.07)	0.158*** (0.05)	-0.102 (0.07)	-0.262*** (0.07)	0.170*** (0.05)	-0.0727 (0.07)	-0.243*** (0.07)	0.177*** (0.05)	-0.0929 (0.08)	-0.270*** (0.08)
社会信任	-0.000175 (0.08)	-0.0131 (0.13)	-0.0177 (0.13)	0.0444 (0.09)	0.0482 (0.13)	0.000761 (0.14)	-0.0209 (0.09)	0.0443 (0.13)	0.0652 (0.13)	0.0124 (0.09)	0.0753 (0.13)	0.0628 (0.14)
家庭经济地位(中)	-0.125 (0.10)	-0.418** (0.15)	-0.286+ (0.15)	0.0327 (0.11)	-0.326* (0.16)	-0.352* (0.16)	-0.0835 (0.10)	-0.492*** (0.15)	-0.409*** (0.16)	0.107 (0.11)	-0.375** (0.16)	-0.482** (0.17)
家庭经济地位(高)	0.0408 (0.13)	0.162 (0.18)	0.128 (0.19)	0.116 (0.13)	0.177 (0.18)	0.0666 (0.19)	0.0901 (0.13)	0.0674 (0.19)	-0.0227 (0.19)	0.213 (0.14)	0.142 (0.19)	-0.0707 (0.20)
香港地区				-0.0838 (0.11)	-0.272+ (0.16)	-0.195 (0.17)				-0.199 (0.21)	-0.337 (0.31)	-0.139 (0.32)

续表

变 量	模型 1			模型 2			模型 3			模型 4		
	I vs M	F vs M	F vs I	I vs M	F vs M	F vs I	I vs M	F vs M	F vs I	I vs M	F vs M	F vs I
台湾地区				-0.552*** (0.12)	-0.235 (0.17)	0.315+ (0.18)				-0.517* (0.25)	-0.795* (0.40)	-0.278 (0.41)
教育程度 (中)							-0.17 (0.11)	0.445** (0.17)	0.614*** (0.17)	-0.460** (0.19)	0.426 (0.27)	0.886*** (0.27)
教育程度 (高)							-0.16 (0.13)	0.492** (0.19)	0.651*** (0.20)	-0.743** (0.19)	0.244 (0.29)	0.986*** (0.29)
被雇							-0.260* (0.11)	-0.0963 (0.16)	0.164 (0.16)	0.112 (0.18)	-0.236 (0.25)	-0.347 (0.26)
自雇							-0.161 (0.15)	-0.275 (0.23)	-0.114 (0.24)	0.308 (0.21)	-0.256 (0.31)	-0.564* (0.31)
香港×中等教育										0.560* (0.25)	-0.25 (0.37)	-0.810* (0.38)
香港×高等教育										1.197*** (0.28)	-0.0741 (0.46)	-1.271** (0.46)
台湾×中等教育										0.313 (0.29)	0.436 (0.45)	0.123 (0.46)
台湾×高等教育										0.773** (0.29)	0.842+ (0.45)	0.0693 (0.46)

续表

变量	模型 1			模型 2			模型 3			模型 4		
	I vs M	F vs M	F vs I	I vs M	F vs M	F vs I	I vs M	F vs M	F vs I	I vs M	F vs M	F vs I
										(0.29)	(0.45)	(0.47)
香港×被雇										−0.587*	0.32	0.907*
										(0.24)	(0.35)	(0.36)
香港×自雇										−1.027*	−0.0285	0.999
										(0.45)	(0.72)	(0.75)
台湾×被雇										−0.572*	0.211	0.784*
										(0.27)	(0.38)	(0.40)
台湾×自雇										−0.923**	−0.16	0.763
										(0.34)	(0.51)	(0.54)
常数项	−0.727***	−1.827***	−1.099***	−0.683***	−1.714***	−1.027***	−0.315	−2.331***	−2.017***	−0.317	−2.050***	−1.734***
	(0.19)	(0.29)	(0.29)	(0.20)	(0.29)	(0.30)	(0.24)	(0.37)	(0.38)	(0.28)	(0.42)	(0.43)
Likelihood Ratio	45.95			73.88			70.35			139.73		
Nagelkerke R^2	0.02			0.032			0.031			0.061		
Observations	2623											

注：括号内为标准误；M 为混合支持，I 为非正式支持，F 为正式支持；*** p<0.001，** p<0.01，* p<0.05，+ p<0.1。

混合支持的几率要高。虽然香港的数据未能通过显著性检验，但是系数的方向仍然与台湾地区的统计结果一致。以台湾地区为例，其城市居民选择混合支持的几率要比参照组（中国大陆）高 73.6%（$1/e^{0.552} - 1 = 0.736$，$p < 0.001$）。相对于正式支持网，也有相似的结果。在模型 4 中，除了控制变量，还控制了阶层地位与国别的交互项，结果与模型 2 中的基本一致。

　　模型 3 中，在基准模型的基础上纳入了阶层变量。在没有控制国家变量时，华人在"非正式支持"和"正式支持 + 非正式支持"的选择上，并没有显著差异。然而，在面对"正式支持"和"正式支持 + 非正式支持"的选择时，只有教育地位对选择正式支持网有正向作用，雇佣地位的影响并不显著。该结果与居民单独选择"正式支持"抑或"非正式支持"相似。但是，在纳入国家（地区）和相关的交互项后，结果却发生了某些变化。

　　在模型 4 中，我们纳入了国家（地区）及其与阶层结构变量的交互项，模型解释力明显增强。首先，我们来考察教育程度与居民支持网选择的关系。在控制其他变量的前提下，相比单独选择非正式支持，港台地区的城市居民选择混合支持的几率要高于中国大陆城市居民，即不同教育地位的居民随着所处国家（地区）的不同而在选择支持网络上也存在差异。具体而言，相对于中国大陆，以初中学历及以下居民为参照，香港的中等教育水平者选择混合支持而不单独选择非正式支持的几率要高近一成（$1/e^{-0.199 - 0.46 + 0.56} - 1 = 0.104$）。有些意外的是，高等教育水平者仅为参照组的 77.5%，即受过高等教育的居民反而倾向单独选择非正式支持，其原因还有待深入探究。不过，在台湾地区，中高等教育者选择混合支持的比例都比参照组高。而在正式支持和混合支持的选择上，香港的交互效应不显著，台湾地区只有高等教育者的交互项系数通过了检验。结果表明，台湾的高等教育居民选择正式支持的几率要明显高于混合支持。

通过以上分析，假设 1a 基本得到支持。在非正式支持和正式支持的选择上，不论香港还是台湾地区，高文化程度的城市居民都更倾向选择正式支持网，不过只有香港存在交互效应。在和中国大陆相比较后，笔者发现，中高文化程度的香港居民只选择正式支持的几率（相对非正式支持而言）要更低（$e^{-0.139+0.886-0.81}=0.939$；$e^{-0.139+0.986-1.271}=0.654$）。当然，台湾地区并没有表现出类似的特征。笔者认为这可能与其城市规模及发展水平差异等有关。就此，经验资料并不能完全否定假设 2a。

接下去笔者考察职业地位对居民支持网络选择的作用。"非正式支持网络 vs 混合支持网络"的交互项都显著，而"正式支持网络 vs 混合支持网络"却不然。相对于非正式支持网，香港的受雇阶层同时选择正式和非正式支持网的几率（以未被雇者为参照）比中国大陆受雇阶层高近 1 倍（$1/e^{-0.199+0.112-0.587}-1=0.962$）；香港的自雇阶层则是大陆受雇阶层的 2.5 倍（$1/e^{-0.517+0.308-1.027}-1$）。在台湾地区，这两个几率分别达到 2.656 倍（$1/e^{-0.517+0.112-0.572}$）和 3.102 倍（$1/e^{-0.517+0.308-0.923}$）。可见，假设 1b 得到了较好的支持。相对于正式支持网络，在华人社会，城市居民选择混合支持网的几率没有随着国家的不同呈现明显的差别。至于到底选择正式支持还是非正式支持，华人社会在总体上并不存在显著差异（见模型 3），这说明经验材料并不支持假设 2b。

七 结论与讨论

通过分析 ABS2006 的调查资料，本章从地位结构观出发，探讨了资源分布和阶层结构对东亚华人社会（中国大陆和港台地区）社会支持选择的影响。经验资料基本支持笔者的研究假设，即中国大陆与香港、台湾地区的城市居民在社

会支持选择上即存在总体性选择差异，而且还存有阶层结构
上的差异。它们背后的推手是不同国家（地区）的总体资源
分布与阶层分化的交互作用。必须指明的是，资源分布与阶
层结构的交互效应对非正式支持与混合支持、非正式支持与
正式支持的选择上更强，而在正式支持和混合支持的选择上
作用并不显著。

以往不少研究偏重于基对人际互动的非正式支持的讨论，
对来自国家、市场和社会的正式支持却重视不足，将资源分布
论和地位限制论相结合去探讨社会支持选择的研究则更为少见。
本章着重讨论了不同资源分布中的阶层结构是如何影响个体对
非正式、混合支持和正式支持是如何选择的，尝试去弥补上述
不足。

华人社会的文化特质仍然在居民的社会支持中扮演着重要
角色。正如费老所提出的"差序格局"，家庭是所有私人联系
所构成网络的中心位置[①]。居民在深陷生活困境之时，向包括家
人、亲属、朋友在内的非正式网络寻求支持成为华人通常的策
略[②]。然而，除了特殊的社会文化背景，人们的支持网络还受
制于特定的资源分布格局和社会阶层等结构要素。我们的结
果显示，虽然教育程度和雇佣地位对个体的社会支持网的选
择都有不同程度的影响，但这种影响又离不开宏观的资源分
布，即社会资源分布越合理，华人社会更倾向选择二维的混
合支持，反之，只能退回到单维的非正式支持。这在理论上
表明"资源分布—阶层地位"框架对华人社会有着更强的解
释力。此外，从社会政策意涵上来说，社会资源分布的合理
化是社会政策实现其"消解社会不平等"这一终极目标的内

---

① 费孝通：《乡土中国：生育制度》，北京大学出版社，1998，第 24~30 页。

② Lee, Rance P. L., Danching Ruan, and Gina Lai., "Social Structure and Support Networks in Beijing and Hong Kong," *Social Networks* 27 (2005): 249 – 274.

在要求。

当然，受调查资料的局限，本章的研究未能将影响支持网的社区变量纳入模型并加以控制，而仅仅用国家（地区）作为代理变量来讨论。这意味着各国或地区城市居民的社区资源分布成了遗漏变量，有可能存在内生性问题。同时，本章研究中所指涉的社会支持主要指的是经济支持，而对情感支持、照料支持等没有涉及。这些不足，为未来的研究指明了方向。

参考文献

埃里克·奥林·赖特：《后工业社会中的阶级》，辽宁教育出版社，[1997] 2004。

边燕杰、李路路、李煜、郝大海：《结构壁垒、体制转型与地位资源含量》，《中国社会科学》2006 年第 5 期。

边燕杰、李煜：《中国城市家庭的社会网络资本》，载清华大学社会学系编《清华社会学评论》（第 2 辑），鹭江出版社，2001。

边燕杰、刘勇利：《社会分层、住房产权与居住质量——对中国"五普"数据的分析》，《社会学研究》2005 年第 3 期。

边燕杰、吴晓刚、李路路：《社会分层与流动——国外学者对中国研究的新进展》，中国人民大学出版社，2008。

边燕杰、约翰·罗根、卢汉龙：《单位制与住房商品化》，《社会学研究》1996 年第 1 期。

边燕杰、张文宏：《经济体制、社会网络与职业流动》，《中国社会科学》2001 年第 2 期。

边燕杰、张展新：《市场化与收入分配——对 1988 年和 1995 年城市住户收入调查的分析》，《中国社会科学》2002 年第 5 期。

边燕杰：《社会网络与求职过程》，载涂肇庆、林益民编《中国改革时期的社会变迁：西方社会学研究评述》，牛津大学出版社，1999，第 110～138 页。

蔡禾、黄建宏：《谁拥有第二套房？——市场转型与城市住房分化》，《吉林大学社会科学学报》2013年第4期。

曹子玮：《职业获得与关系结构——关于农民工社会网的几个问题》，载柯兰君、李汉林主编《都市里的村民——中国大城市的流动人口》，中央编译出版社，2001，第71~91页。

陈建良：《家庭决策机制之形成及其对夫妻相对地位之隐含》，载伊庆春、陈玉华编《华人妇女家庭地位》，社会科学文献出版社，2006。

陈建良：《亲子居住安排在家庭内与跨家户成员间的权力互动》，《住宅学报》2005年第2期。

陈琳、袁志刚：《授之以鱼不如授之以渔？——财富资本、社会资本、人力资本与中国代际收入流动》，《复旦学报》（社会科学版）2012年第4期。

陈琳：《中国代际收入弹性的测量误差：理论方法与实证应用》，复旦大学经济学院就业与社会保障研究中心工作论文，2011。

陈那波：《市场转型论争十五年文献述评》，《社会学研究》2006年第5期。

陈云松、范晓光：《当代中国人的阶层认同——基于全国调查数据的十年追踪研究》，未刊稿，2014。

陈云松、范晓光：《社会资本的劳动力市场效应估算》，《社会学研究》2011年第1期。

陈云松：《"找关系"有用吗——非自由市场经济下的多模型复制与拓展研究》，《社会学研究》2013年第3期。

程金华、吴晓刚：《社会阶层与民事纠纷的解决——转型时期中国的社会分化与法治发展》，《社会学研究》2010年第2期。

仇立平、顾辉：《阶级结构与阶级再生产：结构紧张与分层研究的阶级转向》，《社会》2007年第2期。

仇立平、肖日葵：《文化资本与社会地位获得》，《中国社会科学》2011 年第 6 期。

仇立平：《回到马克思：对中国社会分层研究的反思》，《社会》2006 年第 4 期。

仇立平：《阶级分层：对当代中国社会分层的另一种解读——基于学理层面思考的中国阶级分层》，《社会》2007 年第 3 期。

刁鹏飞：《华人社会中产阶级的社会支持网络——香港和北京的比较研究》，博士学位论文，香港中文大学，2007。

范晓光：《不对称效应真的存在吗？中国城市居民的代际流动与政治参与》，未刊稿，2014。

方长春：《断裂、碎片抑或结构化：对当前中国阶层分化的再认识》，《人文杂志》2008 年第 3 期。

费孝通：《乡土中国：生育制度》，北京大学出版社，1998。

风笑天：《第一代独生子女婚后居住方式——一项 12 城市的调查分析》，《人口研究》2006 年第 5 期。

冯仕政：《重返阶级分析？论中国社会不平等研究的范式转换》，《社会学研究》2008 年第 5 期。

高勇：《代际收入关系中的社会公平：测量与解释》，《甘肃行政学院学报》2012 年第 2 期。

高勇：《地位层级认同为何下移：兼论地位层级认同基础的转变》，《社会》2013 年第 4 期。

高勇：《社会樊篱的流动——对结构变迁背景下代际流动的考察》，《社会学研究》2009 年第 6 期。

韩克庆、金炳彻、汪东方：《东亚福利模式下的中韩社会政策比较》，《经济社会体制比较》2011 年第 3 期。

郝大海、李路路：《区域差异改革中的国家垄断与收入不平等——基于 2003 年全国综合社会调查资料》，《中国社会科学》

2006 年第 2 期。

郝大海、王卫东：《理性化、市场转型与就业机会差异——中国城镇居民工作获得的历时性分析（1949~2003）》，《中国社会科学》2009 年第 3 期。

郝大海：《流动的不平等》，中国人民大学出版社，2010。

郝大海：《去魅化与市场转型——1949 年后中国大陆理性化过程的历时性分析》，《江苏社会科学》2013 年第 1 期。

郝大海：《中国城市教育分层研究（1949~2003）》，《中国社会科学》2007 年第 6 期。

胡建国、李春玲、李炜：《社会阶层结构》，载陆学艺主编《当代中国社会结构》，社会科学文献出版社，2010，第 387~422 页。

黄圭振：《东亚福利资本主义的发展：以日本、韩国与台湾为例》，《公共行政评论》2010 年第 6 期。

黄毅志：《社会阶层、社会网络与主观意识：台湾地区不公平的社会阶层体系之延续》，巨流图书公司，1999。

李春玲：《社会政治变迁与教育机会不平等——家庭背景及制度因素对教育获得的影响（1940~2001）》，《中国社会科学》2003 年第 3 期。

李春玲：《文化水平如何影响人们的经济收入——对目前教育的经济收益率的考查》，《社会学研究》2003 年第 3 期。

李春玲：《高等教育扩张与教育机会不平等——高校扩招的平等化效应考查》，《社会学研究》2010 年第 3 期。

李春玲：《断裂与碎片：当代中国社会阶层分化实证分析》，社会科学文献出版社，2005。

李春玲：《高等教育扩张与教育机会不平等——高校扩招的平等化效应考查》，《社会学研究》2010 年第 3 期。

李春玲：《流动人口地位获得的非制度途径——流动劳动力与非流动劳动力之比较》，《社会学研究》2006 年第 4 期。

李春玲:《如何定义中国中产阶级:划分中国中产阶级的三个标准》,《学海》2013年第3期。

李春玲:《社会分层研究与理论的新趋势》,《社会学:理论与经验》(第1辑),社会科学文献出版社,2006。

李春玲:《社会政治变迁与教育机会不平等——家庭背景及制度因素对教育获得的影响(1940~2001)》,《中国社会科学》2003年第3期。

李春玲:《十大社会阶层的来源与流动》,载陆学艺主编《当代中国社会流动》,社会科学文献出版社,2004。

李春玲:《寻求变革还是安于现状:中产阶级社会政治态度测量》,《社会》2011年第2期。

李春玲:《"80后"的教育经历与机会不平等——兼评〈无声的革命〉》,《中国社会科学》2014年第4期。

李汉林:《中国单位现象与城市社区的整合机制》,《社会学研究》1993年第5期。

李汉林:《转型社会中的整合与控制——关于中国单位制度变迁的思考》,《吉林大学社会科学学报》2007年第4期。

李后建:《门当户对的婚姻会更幸福吗?——基于婚姻匹配结构与主观幸福感的实证研究》,《人口与发展》2013年第2期。

李骏、顾燕峰:《中国城市劳动力市场中的户籍分层》,《社会学研究》2011年第2期。

李骏、吴晓刚:《收入不平等与公平分配:对转型时期中国城镇居民公平观的一项实证分析》,《中国社会科学》2012年第3期。

李路路:《论"单位"研究》,《社会学研究》2002年第5期。

李路路:《再生产与统治:社会流动机制的再思考》,《社会学研究》2006年第2期。

李路路、陈建伟：《国内社会分层研究综述》，载中国社会科学院社会学研究所编《中国社会学年鉴 2006～2010》，社会科学文献出版社，2011。

李路路、李升：《"殊途异类"：当代中国城镇中产阶级的类型化分析》，《社会学研究》2007 年第 6 期。

李路路、秦广强、陈建伟：《权威阶层体系的构建——基于工作状况和组织权威的分析》，《社会学研究》2012 年第 6 期。

李路路、王修晓、苗大雷：《"新传统主义"及其后——"单位制"的视角与分析》，《吉林大学社会科学学报》2009 年第 6 期。

李路路：《社会分层结构的变革：从"决定性"到"交易性"》，《社会》2008 年第 3 期。

李路路：《再生产的延续：制度转型与城市社会分层结构》，中国人民大学出版社，2003。

李路路：《再生产与统治——社会流动机制的再思考》，《社会学研究》2006 年第 2 期。

李路路：《制度转型与阶层化机制的变迁——从"间接再生产"到"间接与直接再生产"并存》，《社会学研究》2003 年第 5 期。

李路路：《制度转型与社会分层模式变迁》，《江海学刊》2002 年第 5 期。

李培林、张翼：《中国中产阶级的规模、认同和社会态度》，《社会》2008 年第 2 期。

李培林：《流动民工的社会网络和社会地位》，《社会学研究》1996 年第 4 期。

李强：《当前中国社会分层结构变化的新趋势》，《中国社会科学（英文版）》2005 年第 4 期。

李强：《试分析国家政策影响社会分层结构的具体机制》，《社会》2008 年第 3 期。

李强：《中国社会分层结构的新变化》，载李培林、李强、孙立平等著《中国社会分层》，社会科学文献出版社，2002，第16~41页。

李先春、万崇毅：《婚居模式的变革及其深远影响》，《人口与计划生育》2009年第5期。

李迎生：《从分化到整合：二元保障体系的起源、改革与前瞻》，《教学与研究》2002年第8期。

李友梅、孙立平、沈原主编《当代中国社会分层：理论与实证》，社会科学文献出版社，2006。

李煜：《代际流动的模式：理论理想型与中国现实》，《社会》2009年第6期。

李煜：《家庭背景在初职地位获得中的作用及变迁》，《江苏社会科学》2007年第5期。

李煜：《社会流动的研究方法：指标与模型》，《社会学》2009年第4期。

李煜：《制度变迁与教育不平等的产生机制——中国城市子女的教育获得（1966~2003）》，《中国社会科学》2006年第4期。

梁玉成：《求职过程的宏观——微观分析：多层次模型》，《社会》2012年第3期。

梁玉成：《社会变迁研究综述》，载中国社会科学院社会学研究所编《中国社会学年鉴2003~2006》，社会科学文献出版社，2008，第176~191页。

梁玉成：《社会资本和社会网无用吗?》，《社会学研究》2010年第5期。

林卡、赵怀娟：《论"东亚福利模式"研究及其存在的问题》，《浙江大学学报（人文社会科学版）》2010年第5期。

林闽钢、吴小芳：《代际分化视角下的东亚福利体制》，《中国社会科学》2010年第5期。

林易:《"凤凰男"能飞多高——中国农转非男性的晋升之路》,《社会》2010年第1期。

林宗弘、吴晓刚:《中国的制度变迁、阶级结构转型和收入不平等:1978~2005》,《社会》2010年第6期。

刘爱玉、佟新:《性别观念现状及其影响因素——基于第三期全国妇女地位调查》,《中国社会科学》2014年第2期。

刘精明、李路路:《阶层化:居住空间、生活方式、社会交往与阶层认同——我国城镇社会阶层化问题的实证研究》,《社会学研究》2005年第3期。

刘精明:《高等教育扩展与入学机会差异:1978~2003》,《社会》2006年第3期。

刘精明:《国家、社会阶层与教育——教育获得的社会学分析》,中国人民大学出版社,2005。

刘精明:《教育选择方式及其后果》,《中国人民大学学报》2004年第1期。

刘精明:《教育与社会分层结构的变迁——关于中高级白领职业阶层的分析》,《中国人民大学学报》2001年第2期。

刘精明:《能力与出身:高等教育入学机会分配的机制分析》,《中国社会科学》2014年第8期。

刘林平:《外来人群体中的关系运用——以深圳"平江村"为个案》,《中国社会科学》2001年第5期。

刘欣、马磊:《中国中产阶级研究综述》,载中国社会科学院社会学研究所主编《中国社会学年鉴2007~2010》,社会科学文献出版社,2011,第29~37页。

刘欣、朱妍:《中国城市的社会阶层与基层人大选举》,《社会学研究》2011年第6期。

刘欣:《当前中国社会阶层分化的多元动力基础——一种权力衍生论的解释》,《中国社会科学》2005年第4期。

刘欣:《当前中国社会阶层分化的制度基础》,《社会学研究》2005 年第 5 期。

刘欣:《公共权力、市场能力与中国城市的中产阶层》,载周晓虹、谢曙光主编《中国研究》,社会科学文献出版社,2010,第 121～129 页。

刘欣:《阶级惯习与品味:布迪厄的阶级理论》,《社会学研究》2003 年第 6 期。

刘欣:《市场转型与社会分层:理论争辩的焦点和有待研究的问题》,《中国社会科学》2003 年第 5 期。

刘欣:《再分配权力、寻租能力、市场能力与生活机遇:对中国转型期分层机制的权力衍生论解释》,博士学位论文,香港中文大学,2004。

刘欣:《中国城市的阶层结构与中产阶层的定位》,《社会学研究》2007 年第 6 期。

刘欣:《转型期中国大陆城市居民的阶层意识》,《社会学研究》2001 年第 3 期。

刘祖云、毛小平:《中国城市住房分层:基于 2010 年广州市千户问卷调查》,《中国社会科学》2012 年第 2 期。

陆学艺主编《当代中国社会阶层研究报告》,社会科学文献出版社,2002。

路风:《单位:一种特殊的社会组织形式》,《中国社会科学》1989 年第 1 期。

伦斯基:《权力与特权:社会分层的理论》,关信平等译,浙江人民出版社,[1966] 1988。

罗楚亮:《住房改革、收入差距与城镇住房不平等》,《经济与管理评论》2013 年第 5 期。

吕涛:《社会资本与地位获得——基于复杂因果关系的理论建构与经验检验》,博士学位论文,中山大学,2010。

吕玉瑕、伊庆春:《社会变迁中的夫妻资源与家务分工:台湾 70 年代与 90 年代社会文化脉络的比较》,《台湾社会学》

2005 年第 10 期。

　　马磊、刘欣：《中国城市居民的分配公平感研究》，《社会学研究》2011 年第 5 期。

　　毛小平：《社会分层、城市住房消费与贫富分化——基于 CGSS2005 数据的分析》，《兰州学刊》2010 年第 1 期。

　　彭华民、齐麟：《中国社会福利制度发展与转型：一个制度主义分析》，《福建论坛》2011 年第 10 期。

　　彭庆恩：《关系资本和地位获得》，《社会学研究》1996 年第 4 期。

　　彭玉生：《社会科学中的因果分析》，《社会学研究》2011 年第 3 期。

　　秦广强、李路路：《从"经济决定"到"权威支配"：阶级研究的理论转向及内在逻辑》，《中国人民大学学报》2013 年第 6 期。

　　秦广强：《代际流动与外群体歧视——基于 2005 年全国综合社会调查数据的实证分析》，《社会》2011 年第 4 期。

　　让·凯勒阿尔、P. Y. 特鲁多、E. 拉泽加：《家庭微观社会学》，顾西兰译，商务印书馆，1998。

　　沈原：《社会转型与工人阶级的再形成》，《社会学研究》2006 年第 2 期。

　　盛智明：《社会流动与政治信任——基于 CGSS2006 数据的实证分析》，《社会》2013 年第 4 期。

　　孙立平、王汉生、王思斌：《改革以来中国社会结构的变迁》，《中国社会科学》1994 年第 2 期。

　　孙立平：《断裂：20 世纪 90 年代以来的中国社会》，社会科学文献出版社，2003。

　　孙明：《家庭背景与干部地位获得（1950～2003）》，博士学位论文，复旦大学，2010。

　　王春光：《新生代农村流动人口的外出动因与行动选择》，

载李培林主编《农民工——中国进城农民工的经济社会分析》，社会科学文献出版社，2003，第196～205页。

王甫勤：《社会流动有助于降低健康不平等吗?》，《社会学研究》2011年第2期。

王国成：《西方经济学理性主义的嬗变与超越》，《中国社会科学》2012年第7期。

王俊豪：《台湾初婚夫妻的居住安排》，《人口学刊》2008年第37期。

王水雄：《机会集合、关系选择与结构效应》，载李路路、边燕杰主编《制度转型与社会分层——基于2003年全国综合社会调查》，人民大学出版社，2008，第209～234页。

王天夫、崔晓雄：《行业是如何影响收入的——基于多层线性模型的分析》，《中国社会科学》2010年第5期。

王天夫、李博柏：《平等主义国家理想与区隔主义官僚体系：一个社会分层结构的新模型》，《社会》2008年第5期。

王天夫、王丰：《中国城市收入分配中的集团因素：1986～1995》，《社会学研究》2005年第3期。

王天夫：《社会分化机制重塑社会结构》，《中国社会科学报》2010年12月7日，011版。

王卓祺：《绪论：东亚福利模式、优势及特征》，载王卓祺主编《东亚国家和地区福利制度：全球化、文化与政府角色》，中国社会出版社，2011，第1～15页。

吴晓刚：《1990～2000年中国的经济转型、学校扩招和教育不平等》，《社会》2009年第5期。

吴晓刚：《1993～2000年中国城市的自愿与非自愿就业流动与收入不平等》，《社会学研究》2008年第6期。

吴晓刚：《中国的户籍制度与代际职业流动》，《社会学研究》2007年第6期。

吴愈晓：《家庭背景、体制转型与中国农村精英的代际传承

（1978～1996）》，《社会学研究》2010年第2期。

夏磊：《工作单位性质与利用网络求职的差异性——来自珠三角农民工的实证研究》，《社会》2009年第2期。

肖阳、边燕杰：《中英居民主观幸福感比较研究》，《社会学研究》2014年第2期。

肖阳、范晓光、雷鸣：《权力作用下中国城市居民的纠纷卷入与应对》，《社会》2014年第1期。

谢桂华：《家庭居住模式与子女赡养》，《社会科学战线》2010年第2期。

熊瑞梅、黄毅志：《社会资源与小资本阶级》，《中国社会学刊》1992年第16期。

许嘉猷：《社会阶层化与社会流动》，三民书局，1986。

杨静利、陈宽政：《台湾地区子女离家的原因与步调》，《人口学刊》2002年第25期。

杨菊华：《延续还是变迁？社会经济发展与婚居模式关系研究》，《人口与发展》2008年第5期。

杨善华、鄢盛明、陈皆明：《居住安排对子女赡养行为的影响》，《中国社会科学》2001年第1期。

杨上广、王春兰：《上海城市居住空间分异的社会学研究》，《社会》2006年第6期。

杨伟民：《当前中国的社会保险在社会分层中的作用》，《社会学研究》2005年第5期。

姚先国、赵丽秋：《中国代际收入流动与传递路径研究：1989～2000》，浙江大学经济学院工作论文，2006。

伊庆春：《华人家庭夫妻权力的比较研究》，伊庆春、陈玉华编《华人妇女家庭地位》，社会科学文献出版社，2006。

余红、刘欣：《单位与代际地位流动：单位制在衰落吗？》，《社会学研究》2003年第6期。

翟学伟：《社会流动与关系信任——也论关系强度与农民工

的求职策略》,《社会学研究》2003 年第 1 期。

张桂霖、张金鹗:《老人居住安排与居住偏好的转换:家庭价值与交换理论观点的探讨》,《人口学刊》2010 年第 40 期。

张宛丽:《非制度因素与地位获得》,《社会学研究》1996 年第 1 期。

张文宏、李沛良、阮丹青:《城市居民社会网络的阶层构成》,《社会学研究》2004 年第 6 期。

张文宏、阮丹青:《城乡居民的社会支持网》,《社会学研究》1999 年第 3 期。

张文宏:《城市居民社会网络资本的阶层差异》,《社会学研究》2005 年第 4 期。

张文宏:《社会网络分析的范式特征——兼论网络结构观与地位结构观的联系和区别》,《江海学刊》2007 年第 5 期。

张文宏:《社会网络资源在职业配置中的作用》,《社会》2006 年第 6 期。

张文宏:《中国城市的阶层结构与社会网络》,上海人民出版社,2006。

张杨波、吴喜:《西方"住房阶级"理论演变与经验争辩》,《国外社会科学》2011 年第 2 期。

张翼、侯慧丽:《中国各阶层人口的数量及阶层结构——利用 2000 年第五次全国人口普查所做的估计》,《中国人口科学》2004 年第 6 期。

张翼:《中国社会阶层结构变动趋势研究——基于全国性 CGSS 调查数据的分析》,《中国特色社会主义研究》2011 年第 3 期。

赵延东、王奋宇:《流动民工的经济地位获得及决定因素》,《中国人口科学》2002 年第 4 期。

赵延东:《"中间阶层认同"缺乏的成因及后果》,《浙江社会科学》2005 年第 2 期。

赵延东：《求职者的社会网络与就业保留工资——以下岗职工再就业过程为例》，《社会学研究》2003 年第 4 期。

郑冰岛、吴晓刚：《户口、"农转非"与中国城市居民中的收入不平等》，《社会学研究》2013 年第 1 期。

郑丹丹：《中国城市家庭夫妻权力研究》，华中科技大学出版社，2004。

郑功成：《中国社会保障改革与制度建设》，《中国人民大学学报》2003 年第 1 期。

郑功成：《中国社会福利改革与发展战略：从照顾弱者到普惠全民》，《中国人民大学学报》2011 年第 2 期。

郑杭生主编《当代中国城市社会结构——现状与趋势》，中国人民大学出版社，2004。

郑辉、李路路：《中国城市的精英代际转化与阶层再生产》，《社会学研究》2009 年第 6 期。

中国社会科学院"当代中国人民内部矛盾研究"课题组：《城市人口的阶层认同现状及影响因素》，《中国人口科学》2004 年第 5 期。

中国社会科学院社会学研究所"当代中国社会结构变迁"课题组：《总报告》，载陆学艺主编《当代中国社会阶层研究报告》，社会科学文献出版社，2002，第 3 ~ 124 页。

周建国：《金字塔还是橄榄球？——中国社会阶层结构变化趋势探析》，《学习与实践》2008 年第 9 期。

周怡：《布劳——邓肯模型之后：改造抑或挑战》，《社会学研究》2009 年第 6 期。

周怡：《解读社会：文化与结构的路径》，社会科学文献出版社，2004。

朱迪：《"80 后"青年的住房拥有状况研究——以 985 高校毕业生为例》，《江苏社会科学》2012 年第 3 期。

宗媛媛、范晓光：《从妻居抑或从夫居？中国城市居民的初婚代间同住研究》,《社会学》2013 年第 2 期。

Aschaffenburg, K. , and I. Maas. , "Cultural and Educational Careers: The Dynamics of Social Reproduction. " *American Sociological Review* 62 (1997): 573 – 587.

Aspalter, C. , *Conservative Welfare State Systems in East Asia* (Westport, CT: Praeger Publishers, 2001).

Aspalter, C. , "The East Asian Welfare Model. " *International Journal of Social Welfare* 15 (2006): 290 – 301.

Ayalon, H. , and A. Yogev. , "Field of Study and Students' Stratification in an Expanded System of Higher Education: The Case of Israel. " *European Sociological Review* 21 (2005): 227 – 241.

Ayalon, H. , and Y. Shavit. , "Educational Reforms and Inequalities in Israel: The MMI Hypothesis Revisited. " *Sociology of Education* 77 (2004): 103 – 120.

Barone, C. , "Cultural Capital, Ambition and the Explanation of Inequalities in Learning Outcomes: A Comparative Analysis. " *Sociology* 40 (2006): 1039 – 1058.

Beller, Emily, and Michael Hout. , "Welfare States and Social Mobility: How Educational and Social Policy May Affect Cross-National Differences in the Association between Occupational Origins and Destinations. " *Research in Social Stratification and Mobility* 24 (2006): 353 – 365.

Bergman, M. M. , and D. Joye. , "Comparing Social Stratification Schemas: CAMSIS, CSP-CH, Goldthorpe, ISCO – 88, Treiman, and Wright. " *Cambridge Studies in Social Research* 9 (2001): 1 – 37.

Bernardi, Fabrizio. , "Unequal Transitions: Selection Bias and the Compensatory Effect of Social Background in Educational Careers. " *Research in Social Stratification and Mobility* 30 (2012):

159 – 174.

Berrington, Ann, and Mike Murphy. , "Changes in the Living Arrangements of Young Adults in Britain during the 1980s. " *European Sociological Review* 10 (1994): 235 – 257.

Bian, Yanjie and John R. Logan. , "Market Transition and the Persistence of Power: The Changing Stratification System in Urban China. " *American Sociological Review* 61 (1996): 739 – 758.

Bian, Yanjieand Soon Ang. , "Guanxi Networks and Job Mobility in China and Singapore. " *Social Forces* 75 (1997): 981 – 1006.

Bian, Yanjie, Ronald Breiger, Deborah Davis, and Joseph Galaskiewicz. , "Occupation, Class, and Social Networks in Urban China. " *Social Forces* 83 (2005): 1443 – 1468.

Bian, Yanjie, Xiaoling Shu and John Logan. , "Communist Party Membership and Regime Dynamics in China. " *Social Force* 79 (2001): 805 – 842.

Bian, Yanjie, "Bringing Strong Ties Back In: Indirect Connection, Bridges, and Job Searches in China", *American Sociological Review* 62 (1997): 266 – 285.

Bian, Yanjie, *Work and Inequality in Urban China* (Albany, NY: State University of New York Press, 1994).

Bian, Yanjie, "Chinese Social Stratification and Social Mobility. " *Annual Review of Sociology* 28 (2002): 91 – 116.

Bian, Yanjie, "Guanxi and the Allocation of Jobs in Urban China", *The China Quarterly* 140 (1994): 971 – 999.

Blackburn, R. M. , and K. Prandy. , "The Reproduction of Social Inequality. " *Sociology* 31 (1997): 491 – 509.

Blackwell, D. L. , "Marital Homogamy in the United States: The Influence of Individual and Paternal Education. " *Social Science*

Research 27 (1998): 159 – 188.

Blau, P. M. , "Structures of Social Positions and Structures of Social Relations. " *Theory Building in Sociology: Assessing Theoretical Cumulation*, edited by J. H. Turner (CA: Sage, 1988), p. 43 – 59.

Blau, P. M. , J. E. Schwartz. , *Crosscutting Social Circles: Testing A Macrostructural Theory of Intergroup Relations* (NJ: Transaction Publishers, 1997).

Blau, P. M. , *Inequality and Heterogeneity: A Primitive Theory of Social Structure* (New York: Free Press, 1977).

Blau, Peter M. , Otis Dudley Duncan. , *The American Occupational Structure* (New York: Free Press, 1967).

Blumberg, R. L. , Coleman, M. T. , "A Theoretical Look at the Gender Balance of Power in the American Couple. " *Journal of Family Issues* 10 (1989): 225 – 250.

Boudon, R. , Education, *Opportunity, and Social Inequality: Changing Prospects in Western Society* (New York: Wiley, 1974).

Bourdieu, P. , J. C. Passeron. , *Reproduction in Education, Society and Culture* (CA: Sage Publications, 1977).

Bourdieu, P. , L. J. D. Wacquant. , *An Invitation to Reflexive Sociology* (Chicago: The University of Chicago Press, 1992).

Bourdieu, P. , *Distinction: A Social Critique of the Judgement of Taste* (Cambridge, MA: Harvard University Press, 1984).

Bourdieu, P. , *The Logic of Practice* (Stanford: Stanford University Press, 1990).

Breen, R. (Ed.) . , *Social Mobility in Europe* (Oxford: Oxford University Press, 2004).

Breen, R. , "Foundations of a Neo-Weberian Class Analysis. " *Approaches to Class Analysis*, edited by Erik Olin Wright (Cambridge: Cambridge University Press, 2005), p. 31 – 50.

Breen, R., and C. T. Whelan., "Social Class, Class Origins and Political Partisanship in the Republic of Ireland. " *European Journal of Political Research* 26 (1994): 117 – 133.

Breen, R., and J. H. Goldthorpe., "Explaining Educational Differentials: Towards a Formal Rational Action Theory. " *Rationality and Society* 9 (1997): 275 – 305.

Breen, R., and M. Yaish., "Testing the Breen-Goldthorpe Model of Educational Decision Making. " *Mobility and Inequality: Frontiers of Research in Sociology and Economics*, edited by S. L. Morgan, D. B. Grusky, and G. S. Fields (Stanford: Stanford University Press, 2006), p. 232 – 258.

Breen, R., and R. Luijkx., "Social Mobility and Education: a Comparative Analysis of Period and Cohort Trends in Britain and Germany. " *From Origin to Destination: Trends and Mechanisms in Social Stratification Research*, edited by M. Gangl, R. Pollak, G. Otte, and S. Scherer (Frankfurt/M.: Campus Verlag, 2007), p. 102 – 124.

Breen, R., R. Luijkx, W. Müller, and R. Pollak., "Nonpersistent Inequality in Educational Attainment: Evidence from Eight European Countries. " *American Journal of Sociology* 114 (2009): 1475 – 1521.

Breen, Richard., " Educational Expansion and Social Mobility in the 20th Century. " *Social Forces* 89 (2010): 365 – 388.

Buchmann, Claudia and Emily Hannum., " Education and Stratification in Developing Countries: A Review of Theories and Research", *Annual Review of Sociology* 27 (2001): 77 – 102.

Burt, Ronald S., *Structural Holes: The Social Structure of Competition* (Cambridge, MA: Harvard University Press, 1992).

Butler, Tim., "The Debate over the Middle Classes. " *Social Change and the Middle Classes*, edited by T. Butler, and M. Savage.

（London: UCL Press, 1995）, p. 26 - 36.

Byun, S. , E. Schofer, and K. Kim. , "Revisiting the Role of Cultural Capital in East Asian Educational Systems: The Case of South Korea." *Sociology of Education* 85（2012）: 219 - 239.

Cao, Yang. , "Careers inside Organizations: A Comparative Study of Promotion Determination in Reforming China." *Social Forces* 80（2001）: 683 - 712.

Chan, Chak-Kwan. , "Welfare Policies and the Construction of Welfare Relations in a Residual Welfare State: The Case of Hong Kong." *Social Policy & Administration* 32（1998）: 278 - 291.

Chan, T. W. , and V. Boliver. , "Social Mobility over Three Generations in Britain." 2012, http: //users. ox. ac. uk/ ~ sfos0006/ papers/3g3. pdf.

Cheng, Yuanand JianzhongDai. , "Inter-generational Mobility in Modern China." *European Sociological Review* 11（1995）: 17 - 36.

Cheung, S. Y. , and R. Andersen, "Time to Read: Family Resources and Educational Outcomes in Britain." *Journal of Comparative Family Studies* 34（2003）: 413 - 434.

Chu, C. Y. Cyrus, Yu Xie, and Ruoh Rong Yu. , "Coresidence With Elderly Parents: A Comparative Study of Southeast China and Taiwan." *Journal of Marriage And Family* 73（2011）: 120 - 135.

Clark, A. , and E. D'Angelo. , "Upward Social Mobility, Wellbeing and Political Preferences: Evidence from the BHPS." （Working paper, Paris School of Economics, 13 March, 2009）. http: //jma2012. fr/fichiers2009/C5/clark_ dangelo. pdf.

Clark, T. N. , S. M. Lipset, and M. Rempel. , "The Declining Political Significance of Social Class." *International Sociology* 8

（1993）: 293 - 316.

Clark, Terry Nichols, and Seymour Martin Lipset. , " Are Social Classes Dying?" *International Sociology* 6 （1991）: 397 - 410.

Connell, R. W. , *Gender and Power* (Stanford: Stanford University Press, 1987).

Crompton, Rosemary. , *Class and Stratification: An Introduction to Current Debates.* 3rd edition (Cambridge: Polity Press, 2008).

Davies, R. , E. Heinesen, and A. Holm. , " The Relative Risk Aversion Hypothesis of Educational Choice. " *Journal of Population Economics* 15 （2002）: 683 - 713.

De Graaf, N. D. , P. M. De Graaf, and G. Kraaykamp. , " Parental Cultural Capital and Educational Attainment in the Netherlands: A Refinement of the Cultural Capital Perspective. " *Sociology of Education* 73 （2000）: 92 - 111.

De Graaf, P. M. , " The Impact of Financial and Cultural Resources on Educational Attainment in the Netherlands. " *Sociology of Education* 59 （1986）: 237 - 246.

Deng, Zhong and Donald J. Treiman. , " The Impact of Cultural Revolution on Trends in Educational Attainment in the People's Republic of China. " *American Journal of Sociology* 103 （1997）: 391 - 428.

Denton, Melinda Lundquist. , " Gender and Marital Decision Making Negotiating Religious Ideology and Practice. " *Social Forces* 82 （2004）: 1151 - 1180.

Dessens, J. A. G. , W. Jansen, H. B. G. Ganzeboom, and P. G. M. Van Der Heijden. , " Patterns and Trends in Occupational Attainment of First Jobs in the Netherlands, 1930 - 1995: Ordinary Least Squares Regression Versus Conditional Multinomial Logistic Regression. " *Journal of the Royal Statistical Society: Series A (Statistics in*

Society) 166 (2003): 63 – 84.

DiMaggio, P. , "Cultural Capital and School Success: The Impact of Status Culture Participation on the Grades of US High School Students. " *American Sociological Review* 47 (1982): 189 – 201.

DiMaggio, P. , "Social Stratification, Life-style, and Social Cognition. " *Social Stratification: Class, Race, and Gender in Sociological Perspective*, edited by D. B. Grusky. (Colorado: Westview Press, 2001), p. 542 – 552.

DiMaggio, P. , and J. Mohr. , "Cultural Capital, Educational Attainment, and Marital Selection. " *American Journal of Sociology* 90 (1985): 1231 – 161.

DiMaggio, P. , "Cultural Capital and School Success: The Impact of Status Culture Participation on the Grades of US High School Students. " *American Sociological Review* 47 (1982): 189 – 201.

Elster, J. , *Alchemies of the Mind: Rationality and the Emotions* (Cambridge: Cambridge University Press, 1999).

Erikson, R. , and J. H. Goldthorpe. , "Has Social Mobility in Britain Decreased? Reconciling Divergent Findings on Income and Class Mobility. " *The British Journal of Sociology* 61 (2010): 211 – 230.

Erikson, R. , and J. H. Goldthorpe. , *The Constant Flux: a Study of Class Mobility in Industrial Societies* (Oxford: Clarendon Press, 1992).

Erikson, R. , and J. O. Jonsson (Eds.) . , *Can Education Be Equalized: the Swedish Case in Comparative Perspective* (Boulder, CO: Westview Press, 1996).

Erikson, R. , and J. O. Jonsson. , "Explaining Class Inequality in Education: The Swedish Test Case. " *Can Education be Equalized: The Swedish Case in Comparative Perspective*, edited by R. Erikson and J. O. Jonsson (Oxford: Westview Press, 1996), p. 1 – 63.

Erola, J., and P. Moisio., " Social Mobility over Three Generations in Finland, 1950 – 2000. " *European Sociological Review* 23 (2007): 169 – 183.

Esping-Andersen, G., *The Three Worlds of Welfare Capitalism* (Cambridge: Polity Press, 1990).

Eyal, G., I. Szelényi, and E. R. Townsley., *Making Capitalism Without Capitalists: Class Formation and Elite Struggles in Post-Communist Central Europe* (London: Verso Books, 1998).

Fessler, P., P. Mooslechner, and M. Schürz., "Intergenerational Transmission of Educational Attainment in Austria. " *Empirica* 39 (2012): 65 – 86.

Fielding, T., " Migration and Middle-Class Formation in England and Wales, 1981 – 91. " *Social Change and the Middle Classes*, edited by T. Butler, and M. Savage (London: UCL Press, 1995), p. 169 – 187.

Fischer, C. S., *The Urban Experience* (New York: Harcourt Brace Jovanovich, 1976).

Fligstein, Neil, Alexander Hicks and S. Philip Morgan., "Toward a Theory of Income Determination. " *Sociology of Work and Occupations* 10 (1983): 289 – 306.

Frankenberg, Elizabeth, Angelique Chan, and Mary Beth Ofstedal., " Stability and Change in Living Arrangements in Indonesia, Singapore, and Taiwan, 1993 – 1999. " *Population Studies* 56 (2002): 201 – 213.

Ganzeboom, Harry B. G., Donald J. Treiman, and Wout C. Ultee., " Comparative Intergenerational Stratification Research:

Three Generations and Beyond. " *Annual Review of Sociology* 17 (1991): 277 – 302.

Gerber, T. P. , and M. Hout. , " Educational Stratification in Russia during the Soviet Period. " *American Journal of Sociology* 101 (1995): 611 – 660.

Gerber, Theodore P. , " Educational Stratification in Contemporary Russia: Stability and Change in the Face of Economic and Institutional Crisis. " *Sociology of Education* 73 (2000): 219 – 246.

Gerber, Theodore P. , " Loosening Links? School-to-Work Transitions and Institutional Change in Russia since 1970 " *Social Forces* 82 (2003): 241 – 276.

Giddens, A. , *The Constitution of Society: Outline of the Theory of Structuration* (Cambridge: Polity Press, 1984).

Giuliano, Paola. , " Living Arrangements in Western Europe: Does Cultural Origin Matter?" *Journal of the European Economic Association* 5 (2007): 927 – 952.

Goldthorpe, J. H. " ' Cultural Capital': Some Critical Observations. " *Sociologica* (2007): 1 – 22.

Goldthorpe, J. H. , and C. Mills. , " Trends in Intergenerational Class Mobility in Modern Britain: Evidence From National Surveys, 1972 – 2005. " *National Institute Economic Review* 205 (2008): 83 – 100.

Goldthorpe, J. H. , and M. Jackson. , " Intergenerational Class Mobility in Contemporary Britain: Political Concerns and Empirical Findings. " *The British Journal of Sociology* 58 (2007): 525 – 546.

Goldthorpe, J. H. , *Social Mobility and Class Structure in Modern Britain* (Oxford: Clarendon Press, 1987).

Goldthorpe, John H. , " The Service Class Revisted. " *Social*

Change and the Middle Classes, edited by T. Butler, and M. Savage (London: Routledge, 1995), p. 313 – 329.

Goldthorpe, John H. , "On the Service Class, Its Formation and Future. " *Class and the Division of Labour: Essays in Honour of Ilya Neustadt*, edited by A. Gddens and G. MacKenzie (Cambridge: Cambridge University Press, 1982), p. 162 – 185.

Goldthorpe, John H. , *On Sociology.* 2nd edition (Stanford: Stanford University Press, 2007).

Gong, Honge, Andrew Leigh, and Xin Meng, "Intergenerational Income Mobility in Urban China. " Review of Income and Wealth 58 (2012): 481 – 503.

Goode, W. J. , " The Theoretical Importance of Love. " *American Sociological Review* 24 (1959): 38 – 47.

Granovetter, M. , "Economic Action and Social Structure: the Problem of Embeddedness. " *American Journal of Sociology* 91 (1985): 481 – 510.

Granovetter, M. , "The Impact of Social Structure on Economic Outcomes. " *The Journal of Economic Perspectives* 19 (2005): 33 – 50.

Granovetter, Mark, *Getting a Job: A Study of Contacts and Careers* (Cambridge, MA: Harvard University Press, 1995/1974).

Granovetter, Mark. , "The Strength of Weak Ties", *American Journal of Sociology* 78 (1973): 1360 – 1380.

Grusky, D. B. , and J. B. Sørensen. , " Can Class Analysis Be Salvaged?" *American Journal of Sociology* 103 (1998): 1187 – 1234.

Grusky, D. B. , K. A. Weeden, and J. B. Sørensen. , " The Case for Realism in Class Analysis. " in *Political Power and Social Theory*, edited by Diane E. (Davis: Emerald Group Publishing Limited, 2001), p. 291 – 305.

Grusky, D. B. , *Social Stratification: Class, Race, and Gender in*

Sociological Perspective (3rd) (Boulder: Westview Press, 2008).

Hachen, David Jr. , "Three Models of Job Mobility in Labor Markets." *Work and Occupations* 17 (1990): 320 – 354.

Haller, M. , "Marriage, Women, and Social Stratification: A Theoretical Critique." *American Journal of Sociology* 86 (1981): 766 – 795.

Hanley, Eric, and Matthew McKeever. , "The Persistence of Educational Inequalities in State-Socialist Hungary: Trajectory-Maintenance versus Counterselection." *Sociology of Education* 70 (1997): 1 – 18.

Hannum, Emily. , "Political Change and the Urban-Rural Gap in Basic Education in China, 1949 – 1990." *Comparative Education Review* 43 (1999): 193 – 211.

Hannum, Emily. , "Poverty and Basic Education in Rural China: Villages, Households, and Girls' and Boys' Enrollment." *Comparative Education Review* 47 (2003): 141 – 159.

Hedström, P. , and C. Stern. , "Rational choice and sociology." *in The New Palgrave Dictionary of Economics* (2nd), edited by L. Blume and S. Durlauf (New York: Palgrave Macmillan, 2008).

Hedström, Peter and Petri Ylikoski, "Causal Mechanisms in the Social Sciences", *Annual Review of Sociology* 36 (2010): 49 – 67.

Hedström, Peter, Swedberg R, eds. , *Social Mechanisms: An Analytical Approach to Social Theory* (Cambridge, UK: Cambridge University Press, 1998).

Hedström, Peter. , *Dissecting the Social: On the Principles of Analytical Sociology* (Cambridge, UK: Cambridge University Press, 2005).

Heer, David M. , "The Measurement and Bases of Family

Power An Overview. " *Marriage and Family Living* 25 （1963）：133 – 139.

Henz, U. , and I. Maas. , " Chancengleichheit durch die Bildungsexpansion?" *Kolner Zeitschrift fur Soziologie und Sozialpsychologie* 47 （1995）：605 – 633.

Holliday, I. , " Productivist Welfare Capitalism: Social Policy in East Asia. " *Political Studies* 48 （2000）：706 – 723.

Holliday, I. , and P. Wilding. , *Welfare Capitalism in East Asia*: *Social Policy in the Tiger Economies* （Basingstoke: Palgrave Macmillan, 2003）.

Höllinger, Franz, and Max Haller. , " Kinship and Social Networks in Modern Societies: A Cross-Cultural Comparison among Seven Nations. " *European Sociological Review* 6 （1990）：103 – 124.

Holm, A. , and M. M. Jaeger. , " Does Relative Risk Aversion Explain Educational Inequality? A Dynamic Choice Approach. " *Research in Social Stratification and Mobility* 26 （2008）：199 – 219.

House, J. S. , D. Umberson, and K. R. Landis. , " Structures and Processes of Social Support. " *Annual Review of Sociology* 14 （1988）：293 – 318.

House, James S. , " Social Support and Social Structure. " *Sociological Forum* 2 （1987）：135 – 146.

Hout, M. , and T. A. DiPrete. , " What We Have Learned: RC28's Contributions to Knowledge about Social Stratification. " *Research in Social Stratification and Mobility* 24 （2006）：1 – 20.

Hout, Michael, Adrian E. Raftery, and Eleanor O. Bell. , " Making the Grade: Educational Stratification in the United States, 1925 – 1989. " *Persistent Inequality*: *Changing Educational Attainment in Thirteen Countries. Social Inequality Series*, edited by Y. Shavit and

H. P. Blossfeld (Boulder, Co: Westview Press, 1993), p. 25 -49.

Hsiao, Hsin-Huang. , *Discovery of the Middle Classes in East Asia* (Taipei: Institute of Ethnology, Academia Sinica, 1993).

Hsin, A. , and Y. Xie. , "Hard Skills, Soft Skills: The Relative Roles of Cognitive and Non-cognitive Skills in Intergenerational Social Mobility. " *Population Studies Center Research Report*, University of Michigan, 2012.

Hutchens, Robert M. , "Do Job Opportunities Decline with Age?" *Industrial and Labor Relations Review* 42 (1988): 89 -99.

Jackson, M. , R. Erikson, J. H. Goldthorpe, and M. Yaish. , "Primary and Secondary Effects in Class Differentials In Educational Attainment. " *Acta Sociologica* 50 (2007): 211 -229.

Jackson, Michelle, John H. Goldthorpe, and Colin Mills. , "Education, Employers and Class Mobility. " *Research in Social Stratification and Mobility* 23 (2005): 3 -33.

Jæger, M. M. , "Equal Access but Unequal Outcomes: Cultural Capital and Educational Choice in a Meritocratic Society. " *Social Forces* 87 (2009): 1943 -1971.

Jæger, Mads M. , and Anders Holm. , "Conformists or Rebels? Relative Risk Aversion, Educational Decisions and Social Class Reproduction. " *Rationality and Society* 24 (2012): 221 -253.

Jæger, Mads Meier. , "The Extended Family and Children's Educational Success. " *American Sociological Review* 77 (2012): 903 -922.

Jonsson, J. O. , D. B. Grusky, M. Di Carlo, R. Pollak, and M. C. Brinton. , "Microclass Mobility: Social Reproduction in Four Countries. " *American Journal of Sociology* 114 (2009): 977 -1036.

Jonsson, Jan O. , and Robert Erikson. , "Why Educational Expansion Is Not Such a Great Strategy for Equality: Theory and

Evidence for Sweden. " *Stratification in Higher Education*: *A Comparative Study*, edited by Yossi Shavit, Richard Arum, and Adam Gamoran (Stanford: Stanford University Press, 2007), p. 113 – 139.

Kalmijn, M. , " Intermarriage and Homogamy: Causes, Patterns, Trends. " *Annual Review of Sociology* 24 (1998): 395 – 421.

Kalmijn, M. , " Status homogamy in the United States. " *American Journal of Sociology* 97 (1991): 496 – 523.

Kalmijn, M. , and G. Kraaykamp. , " Race, Cultural Capital, and Schooling: An Analysis of Trends in the United States. " *Sociology of Education* 69 (1996): 22 – 34.

Kamo, Y. , " Determinants of Household Division of Labor: Resources, Power, and Ideology. " *Journal of Family Issues* 9 (1988): 177 – 200.

Kaufman, J. , and J. Gabler. , " Cultural Capital and the Extracurricular Activities of Girls and Boys in the College Attainment Process. " *Poetics* 32 (2004): 145 – 68.

Kerbo, Harold R. , *Social Stratification and Inequality*: *Class Conflict in Historical and Comparative Perspective.* 3rd edition (Boston: McGraw-Hill, 1996).

Kerr, C. , J. T. Dunlop, F. H. Harbison, and C. A. Myers. , *Industrialism And Industrial Man*: *The Problems Of Labor And Maagement In Economic Growth* (Cambridge: Harvard University Press, 1960).

Kroneberg, Clemens, and Frank Kalter. , " Rational Choice Theory and Empirical Research: Methodological and Theoretical Contributions in Europe. " *Annual Review of Sociology* 38 (2012): 73 – 92.

Kulik, L. , " Marital Power Relations, Resources, And Gender Role Ideology: Amultivariate Model For Assessing Effects. " *Journal of Comparative Family Studies* 30 (1999): 189 – 206.

Kuo, Hsiang-Hui Daphne, and Robert M. Hauser. , "Trends in Family Effects on the Education of Black and White Brothers. " *Sociology of Education* 68 (1995): 136 – 160.

Lackman, C. , and J. M. Lanasa. , " *Family Decision-Making Theory: An Overview And Assessment.* " *Psychology and Marketing* 10 (1993): 81 – 93.

Lai, Gina. , "Social Support Networks in Urban Shanghai. " *Social Networks* 23 (2001): 73 – 85.

Lamanna, Mary Ann. , *Marriages And Families: Making Choices In A Diverse Society* (Belmont, CA: Wadsworth Pub, 1997).

Lamont, M. , *Money, Morals, And Manners: The Culture Of The French And American Upper-Middle Class* (Chicago: University of Chicago Press, 1992).

Lamont, Michèle, and Virág Molnár. , " The Study of Boundaries in the Social Sciences. " *Annual Review of Sociology* 28 (2002): 167 – 195.

Lang, Olga. , *Chinese Family And Society* (Hamden: Archon Books, 1968).

Lareau, A. , and E. B. Weininger. , " Cultural Capital In Educational Research: A Critical Assessment. " *Theory and Society* 32 (2003): 567 – 606.

Lareau, A. , and M. Lamont. , "Cultural Capital: Allusions, Gaps And Glissandos In Recent Theoretical Developments. " *Sociological Theory* 6 (1988): 153 – 168.

Lareau, A. , *Home Advantage: Social Class and Parental Intervention in Elementary Education* (Lanham: Rowman & Littlefield Publishers, 2000).

Lareau, A. , *Unequal Childhoods: Class, Race, and Family Life* (Berkeley, CA: University of California Press, 2003).

Lau, Siu-Kai. , " Chinese Familism in an Urban-Industrial Setting: The Case of Hong Kong. " *Journal of Marriage and Family* 43 (1981): 977 - 992.

Laumann, E. O. , *Bonds Of Pluralism: The Form And Substance Of Urban Social Networks* (New York: John Wiley & Sons, 1973).

Lee, Rance P. L. , Danching Ruan, and Gina Lai. , " Social Structure and Support Networks in Beijing and Hong Kong. " *Social Networks* 27 (2005): 249 - 274.

Leeuwen, Van, Marco H. D and Ineke Maas. , " Historical Studies of Social Mobility and Stratification. " *The Annual Review of Sociology* 36 (2010): 429 - 451.

Lewis, W. A. , " Economic Development with Unlimited Supplies of Labour", *Manchester School of Economics and Social Studies* 22 (1954): 139 - 191.

Li, Bobai, and Andrew Walder. , " Career Advancement as Party Patronage: Sponsored Mobility into the Chinese Administrative Elite, 1949 - 1996. " *American Journal of Sociology* 106 (2001): 1371 - 1408.

Li, Yaojun, Mike Savage, and Alan Warde. , " Social Mobility And Social Capital In Contemporary Britain. " *The British Journal of Sociology* 59 (2008): 391 - 411.

Li, Yaojun. , " Falling off the Ladder? Professional and Managerial Career Trajectories and Unemployment Experiences. " *European Sociological Review* 18 (2002): 253 - 270.

Li, Yaojun. , and F. Devine. , " Is Social Mobility Really Declining? Intergenerational Class Mobility in Britain in the 1990s and the 2000s. " *Sociological Research Online* 16 (2011): http: // www. socresonline. org. uk/16/3/4. html.

Li, Yaojun. , M. Savage, and A. Pickles. , " Social Change,

Friendship And Civic Participation. " *Sociological Research Online* 8 (2003): http: //www. socresonline. org. uk/8/3/li. html.

Li, Yu, Towards A Meritocratic Society? Intergenerational Mobility In Urban China (1966 – 2003) (Ph. D. diss. , Hong Kong University of Science and Technology, 2006).

Lin, Nan and YanjieBian, "Getting Ahead in Urban China. " *American Journal of Sociology* 97 (1991): 657 – 688.

Lin, Nan, John C. Vaughn, and Walter M. Ensel. , " Social Resources and Occupational Status Attainment. " *Social Forces* 59 (1981): 1163 – 1181.

Lin, Nan, Xiaolan Ye, and Walter M. Ensel. , " Social Support and Depressed Mood: A Structural Analysis. " *Journal of Health and Social Behavior* 40 (1999): 344 – 359.

Lin, Nan. , "Social Networks and Status Attainment. " *Annual Review of Sociology* 25 (1999): 467 – 487.

Lin, Nan. , "Social Resources and Instrumental Action", *Social Structure and Network Analysis*, edited by Peter Marsden and Nan Lin (Beverly Hills, CA: Sage Publications, 1982), p. 131 – 147.

Lin, Nan. , *Social Capital: A Theory of Social Structure and Action* (New York: Cambridge University Press, 2001).

Logan, John R. and FuqinBian. " Family Values and Co-residence with Married Children in Urban China. " *Social Forces* 77 (1999): 1253 – 1282.

Logan, John R. Fuqin Bian, and Yanjie Bian. "Tradition and Change in the Urban Chinese Family: The Case of Living Arrangements. " *Social Forces* 76 (1998): 851 – 882.

Lounsbury, M. , and M. Ventresca. , "The New Structuralism In Organizational Theory. " *Organization* 10 (2003): 457 – 480.

Lucas, S. R. , " Effectively Maintained Inequality: Education

Transitions, Track Mobility, and Social Background Effects. " *American Journal of Sociology* 106 (2001): 1642 – 1690.

Lucas, S. R., " Stratification Theory, Socioeconomic Background, and Educational Attainment. " *Rationality and Society* 21 (2009): 459 – 511.

Manza, Jeff, and Michael A. McCarthy. , " The Neo-Marxist Legacy in American Sociology. " *Annual Review of Sociology* 37 (2011): 155 – 183.

Mare, R. D. , " A Multigenerational View Of Inequality. " *Demography* 48 (2011): 1 – 23.

Mare, R. D. , " Change and Stability In Educational Stratification. " *American Sociological Review* 46 (1981): 72 – 87.

Mare, R. D. , and Xi, Song. , "Social Mobility in Multiple Generations. ", paper presented at ISA RC28, CUHK, Hong Kong, Spring, 2012.

Marsden, Peter V. , " Core Discussion Networks of Americans. " *American Sociological Review* 52 (1987): 122 – 131.

Martin, J. L. , "What Is Field Theory?" *American Journal of Sociology* 109 (2003): 1 – 49.

McPherson, J. M. , and L. Smith-Lovin. , " Homophily In Voluntary Organizations: Status Distance And The Composition Of Face-To-Face Groups. " *American Sociological Review* 52 (1987): 370 – 379.

McPherson, Miller, Lynn Smith-Lovin, and James M. Cook. , "Birds of a Feather: Homophily in Social Networks. " *Annual Review of Sociology* 27 (2001): 415 – 444.

Meyer, J. W. , and B. Rowan. , "Institutionalized Organizations: Formal Structure As Myth And Ceremony. " *American Journal of Sociology* 83 (1977): 340 – 363.

Mills, C. 1995. "Managerial And Professional Work Histories." *Social Change And The Middle Classes*, edited by and M. Savage Butler (London: UCL Press, 1995), p. 95 – 116.

Mouw, Ted. , "Estimating the Causal Effect of Social Capital: A Review of Recent Research." *Annual Review of Sociology* 32 (2006): 79 – 102.

Mouw, Ted. , "Social Capital and Finding a Job: Do Contacts Matter?" *American Sociological Review* 68 (2003): 868 – 896.

Müller, W. , and W. Karle. , "Social Selection In Educational Systems In Europe." *European Sociological Review* 9 (1993): 1 – 23.

Nee, Victor. , "A Theory of Market Transition: From Redistribution to Markets in State Socialism." *American Sociological Review* 54 (1989): 663 – 681.

Nee, Victor. , "The Emergence of a Market Society: Changing Mechanisms of Stratification in China." *American Journal of Sociology* 101 (1996): 908 – 949.

Need, A. , and U. De Jong. , "Educational Differentials In The Netherlands." *Rationality and Society* 13 (2001): 71 – 98.

Offe, C. , "New Social Movements: Challenging the Boundaries of Institutional Politics," *Social Research* 52 (1985): 817 – 868.

Pachucki, Mark A. , Sabrina Pendergrass, and Michèle Lamont. , "Boundary Processes: Recent Theoretical Developments And New Contributions." *Poetics* 35 (2007): 331 – 351.

Pakulski, J. , and M. Waters. , *The Death of Class* (London: Sage Press, 1996).

Parkin, F. , *Marxism and Class Theory: A Bourgeois Critique* (New York: Columbia University Press, 1979).

Paterson, L. , and C. Iannelli. , "Social Class And Educational Attainment: A Comparative Study Of England, Wales, And

Scotland. " *Sociology of Education* 80 （2007）: 330 – 358.

Peng, Ito, and Joseph Wong. , "Institutions and Institutional Purpose: Continuity and Change in East Asian Social Policy. " *Politics & Society* 36 （2008）: 61 – 88.

Peng, Yusheng. , "Intergenerational Mobility of Class And Occupation In Modern England: Analysis of a Four-Way Mobility Table. " *Research in Social Stratification and Mobility* 18 （2001）: 277 – 312.

Pimentel, E. E. and Jinyun Liu. , "Exploring Nonnormative Coresidence in Urban China: Living with Wive's Parents. " *Journal of Marriage and Family* 66 （2004）: 821 – 836.

Podolny, Joel M and James N. Baron, "Resources and Relationships: Social Network andMobility in the Workplace. " *American Sociological Review* 62 （1997）: 673 – 693.

Qian, Z. , and D. T. Lichter. , "Social Boundaries And Marital Assimilation: Interpreting Trends In Racial And Ethnic Intermarriage. " *American Sociological Review* 72 （2007）: 68 – 94.

Raftery, A. E. and M. Hout. , "Maximally Maintained Inequality: Expansion, Reform, and Opportunity in Irish Education: 1921 – 1975. " *Sociology of Education* 66 （1993）: 41 – 62.

Rex, J. and R. Moore, *Race, Community and Conflict* （London: Oxford University Press, 1967）.

Roemer, J. E. , *A General Theory Of Exploitation And Class* （Cambridge: Harvard University Press, 1982）.

Royston P. , "Multiple Imputation of Missing Values. " *Stata Journal* 4 （2004）: 227 – 241.

Ruan, Danching, Linton C. Freeman, Xinyuan Dai, Yunkang Pan, and Wenhong Zhang. , "On the Changing Structure of Social Networks in Urban China. " *Social Networks* 19 （1997）: 75 – 89.

Ruan, Danching. , "Interpersonal Networks and Workplace Controls in Urban China. " *The Australian Journal of Chinese Affairs* 29 (1993): 89 – 105.

Ruggles, Steven, and Misty Heggeness. , "Intergenerational Coresidence in Developing Countries. " *Population and Development Review* 34 (2008): 253 – 281.

Sakamoto, Arthur and Jessie M. Tzeng. , " A Fifty-year Perspective on the Declining Significance of Race in the Occupational Attainment of White and Black Men. " *Sociological Perspectives* 42 (1999): 157 – 179.

Savage, M. , and M. Egerton. , "Social Mobility, Individual Ability and the Inheritance of Class Inequality. " *Sociology* 31 (1997): 645 – 672.

Savage, M. , *Class Analysis and Social Transformation* (Buckingham: Open University, 2000).

Savage, M. , J. Barlow, P. Dickens, and A. Fielding. , *Property, Bureaucracy, And Culture: Middle-Class Formation In Contemporary Britain* (London: Routledge, 1992).

Savage, Mike, Alan Warde, and Fiona Devine. , "Capitals, Assets, and Resources: Some Critical Issues. " *The British Journal of Sociology* 56 (2005): 31 – 47.

Scanzoni, Letha. , *Men, Women, and Change: A Sociology of Marriage and Family* (New York: McGraw-Hill, 1988).

Scherger, S. , and M. Savage. , " Cultural Transmission, Educational Attainment and Social Mobility. " *The Sociological Review* 58 (2010): 406 – 428.

Scott, J. , "Social Class and Stratification In Late Modernity. " *Acta Sociologica* 45 (2002): 23 – 35.

Sewell Jr, W. H. , "A Theory of Structure: Duality, Agency,

and Transformation." *American Journal of Sociology* 98 (1992): 1 – 29.

Sewell, William H., Archibald O. Haller, and Alejandro Portes., "The Educational and Early Occupational Attainment Process." *American Sociological Review* 34 (1969): 82 – 92.

Shavit, Y., and H. P. Blossfeld (Eds.), *Persistent Inequality: Changing Educational Attainment in Thirteen Countries. Social Inequality Series* (Boulder, Co.: Westview Press, 1993).

Shavit, Y., and K. Westerbeek., "Reforms, Expansion, and Equality of Opportunity." *European Sociological Review* 14 (1998): 33 – 47.

Shorter, E., *The Making of the Modern Family* (New York: Basic Books, 1975).

Small, M. L., "How to Conduct a Mixed Methods Study: Recent Trends In a Rapidly Growing Literature." *Annual Review of Sociology* 37 (2011): 57 – 86.

Smits, J., W. Ultee, and J. Lammers., "Educational Homogamy in 65 countries: An Explanation of Differences in Openness Using Country-Level Explanatory Variables." *American Sociological Review* 63 (1998): 264 – 285.

Son, Joonmo, Nan Lin, and Linda K. George., "Cross-National Comparison of Social Support Structures between Taiwan and the United States." *Journal of Health and Social Behavior* 49 (2008): 104 – 118.

Sørensen, A., "Women, Family and Class." *Annual Review of Sociology* 20 (1994): 27 – 47.

Sørensen, A. B., "Toward a Sounder Basis for Class Analysis" *American Journal of Sociology* 105 (2000): 1523 – 1558.

Stewart, Mark B., "Racial Discrimination and Occupational

Attainment in Britain. " *The Economic Journal* 93 (1983): 521 – 541.

Stocké, V. , "Explaining Educational Decision and Effects of Families' Social Class Position: An Empirical Test of the Breen – Goldthorpe Model of Educational Attainment. " *European Sociological Review* 23 (2007): 505 – 519.

Suddaby, R. , "Challenges for Institutional Theory. " *Journal of Management Inquiry* 19 (2010): 14 – 20.

Sullivan, A. , " Bourdieu and education: how useful is Bourdieu's theory for researchers?" *Netherlands Journal of Social Sciences* 38 (2002): 144 – 166.

Swartz, D. , *Culture and Power: the Sociology of Pierre Bourdieu* (Chicago: University of Chicago Press, 1997).

Szelényi, I. , and E. Kostello. , " The Market Transition Debate: Toward a Synthesis?" *The American Journal of Sociology* 101 (1996): 1082 – 1096.

Szelényi, Iván and Bill Martin. , "Three Waves of New Class Theories. " *Theory and Society* 17 (1988): 645 – 667.

Szelényi, Ivánand Eric Kostello. , " Outline of an Institutionalist Theory of Inequality: The Case of Socialist and Postcommunist Eastern Europe. " *The New Institutionalism in Sociology*, edited by Mary C. Brinton and Victor Nee (New York: Russell Sage Foundation, 1998), p. 305 – 332.

Szelényi, Ivan and Eric Kostello. , " The Market Transition Debate: Toward a Synthesis?" *American Journal of Sociology* 101 (1996): 1082 – 1096.

Szelényi, Ivan. , " Social Inequalities in State Socialist Redistributive Economies. " *International Journal of Comparative Sociology* 19 (1978): 63 – 87.

Tampubolon, G. , "Intergeneration and Intrageneration Social Mobility in Britain. ", 2009, http: //www. camsis. stir. ac. uk/ stratif/archive/2009/Tampubolon_ paper. pdf.

Thoits, Peggy A. , "Stress, Coping, and Social Support Processes: Where Are We? What Next?" *Journal of Health and Social Behavior* 35 (1995): 53 - 79.

Thomas, Duncan. , "Intra-Household Resource Allocation: An Inferential Approach. " *The Journal of Human Resources* 25 (1990): 635 - 664.

Tichenor, Veronica Jaris. , "Status and Income as Gendered Resources The Case of Marital Power. " *Journal of Marriage and Family* 61 (1999): 638 - 650.

Tilly, C. , *Identities, Boundaries, and Social Ties* (Boulder: Paradigm Publishers, 2005).

Ting, Kwok-fai, and Stephen W. K. Chiu. , "Leaving the Parental Home: Chinese Culture in an Urban Context. " *Journal of Marriage and Family* 64 (2002): 614 - 626.

Titma, M. , N. B. Tuma, and K. Roosma. , "Education as a Factor in Intergenerational Mobility in Soviet Society. " *European Sociological Review* 19 (2003): 281 - 297.

Tramonte, L. , and J. D. Willms. , "Cultural Capital and its Effects on Education Outcomes. " *Economics of Education Review* 29 (2010): 200 - 213.

Treas, Judith, and Jieming Chen. , "Living Arrangements, Income Pooling, and the Life Course in Urban Chinese Families. " *Research on Aging* 22 (2000): 238 - 261.

Treiman, D. J. , *Quantitative Data Analysis: Doing Social Research to Test Ideas* (San Francisco: Jossey-Bass, 2009).

Treiman, Donald J. , "Industrialization and Social Stratification. "

Sociological Inquiry 40 （1970）: 207 – 234.

Treiman, Donald J. , and Harry B. G. Ganzeboom. , " The Fourth Generation of Comparative Stratification Research. " *The International Handbook of Sociology*, edited by Stella R. Quah and Arnaud Sales （London: Sage, 2000）, p. 123 – 150.

Treiman, Donald J. and Harry B. G. Ganzeboom, " The Fourth Generation of Comparative Stratification Research " *The International Handbook of Sociology*. edited by S. R. Quah and A. Sales （London: Sage, 2000）, p. 123 – 150.

Treiman, Donald J. and Kermit Terrell, "Sex and the Process of Status Attainment: A Comparisonof Working Women and Men. " *American Sociological Review* 40 （1975）: 174 – 200.

Tsui, Ming. , "Changes in Chinese Urban Family Structure. " *Journal of Marriage and Family* 51 （1989）: 737 – 747.

Turner, R. Jay, and Franco Marino. , " Social Support and Social Structure: A Descriptive Epidemiology. " *Journal of Health and Social Behavior* 35 （1994）: 193 – 212.

Vallet, LA. , " Change in Intergenerational Class Mobility in France from the 1970s to the 1990s and its Explanation: An Analysis Following the CASMIN Approach. " *Social Mobility in Europe*, edited by R. Breen （ Oxford: Oxford University Press, 2004 ）, p. 115 – 148.

Van de Werfhorst, H. G. , " Cultural Capital: Strengths, Weaknesses and Two Advancements. " *British Journal of Sociology of Education* 31 （2010）: 157 – 169.

Van Leeuwen, M. H. D. , and I. Maas. , " Historical Studies of Social Mobility and Stratification. " *Annual Review of Sociology* 36 （2010）: 429 – 451.

Völker, Beate&Henk Flap. , " Getting Ahead in the GDR:

Social Capital and Status Attainment under Communism. " *Acta Sociologica* 42 （1999）: 17 – 34.

Walder, A. G. , and S. Hu. , "Revolution, Reform, and Status Inheritance: Urban China, 1949 – 1996. " *American Journal of Sociology* 114 （2009）: 1395 – 1427.

Walder, A. G. , B. Li, and D. J. Treiman. , "Politics and Life Chances in a State Socialist Regime: Dual Career Paths into the Urban Chinese Elite, 1949 to 1996. " *American Sociological Review* 65 （2000）: 191 – 209.

Walder, Andrew G. , "Career Mobility and the Communist Political Order. " *American Sociological Review* 60 （1995）: 309 – 328.

Walder, Andrew G. , "Elite Opportunity in Transitional Economies", *American Sociological Review* 68 （2003）: 899 – 916.

Walder, Andrew G. , Bobai Li, Donald J. Treiman. , "Politics and Life Chances in a State Socialist Regime: Dual Career Paths into the Urban Chinese Elite, 1949 to 1996", *American Sociological Review* 65 （2000）: 191 – 209.

Walder, Andrew G. , *Communist Neo-Traditionalism: Work and Authority in Chinese Industry* （Berkeley: University of California Press, 1986）.

Walder, Andrew G. and Songhua Hu. , "Revolution, Reform, and Status Inheritance: Urban China, 1949 – 1996. " *American Journal of Sociology* 114 （2009）: 1395 – 1427.

Walder, Andrew. , "Carrer Mobility and the Communist Political Order. " *American Sociological Review* 60 （1995）: 309 – 328.

Wall, Richard. , "Leaving Home and Living Alone: An Historical Perspective Author. " *Population Studies* 43 （1989）: 369 – 389.

Watt, Paul, " Social Stratification and Housing Mobility", *Sociology* 30 (1996): 533 – 550.

Weber, M. , *Economy and Society* (Berkeley: The University of California Press, 1968).

Weeden, K. A. , and D. B. Grusky. , " The Case for a New Class Map. " *American Journal of Sociology* 111 (2005): 141 – 212.

Weeden, K. A. , and D. B. Grusky. , " The Three Worlds of Inequality. " *American Journal of Sociology* 117 (2012): 1723 – 1785.

Weininger, E. B. , " Class and causation in Bourdieu. " *Current Perspectives in Social Theory*, edited by Jennifer M. Lehmann (Greenwich, CT: JAI Press, 2002), p. 49 – 114.

Weininger, E. B. , " Foundations of Pierre Bourdieu's Class Analysis. " *Approaches to Class Analysis*, edited by Erik Olin Wright (Cambridge: Cambridge University Press, 2005), p. 82 – 118.

Wellman, Barry. , " The Community Question: The Intimate Networks of East Yorkers. " *American Journal of Sociology* 84 (1979): 1201 – 1231.

Wellman, Barry. , " The Place of Kinfolk in Personal Community Networks. " *Marriage & Family Review* 15 (1990): 195 – 228.

West, C. , and Zimmerman, D. H. , Doing Gender, *Gender and Society* 1 (1987): 125 – 151.

Western, M. , and E. O. Wright. , " The Permeability of Class Boundaries to Intergenerational Mobility among Men in the United States, Canada, Norway and Sweden. " *American Sociological Review* 59 (1994): 606 – 629.

Whelan, C. T. , and R. Layte. , " Late Industrialization and the Increased Merit Selection Hypothesis. Ireland as a Test Case. " *European Sociological Review* 18 (2002): 35 – 50.

White I. R. , R. Daniel and P. Royston. , "Avoiding Bias Due to Perfect Prediction in Multiple Imputation of Incomplete Categorical Variables. " *Computational Statistics and Data Analysis* 54 (2010): 2267 - 2275.

Wilensky, H. L. , and C. N. Lebeaux. , *Industrial Society and Social Welfare* (New York: Free Press, 1965).

Wilkie, J. R. Ferree, M. M. and Ratclife, K. S. , "Gender and Fairness: Marital Satisfactionin Two-Earner Couples. " *Journal of Marriage and the Family* 60 (1998): 577 - 594.

Wong, Raymond Sin-Kwok. , "Occupational Attainment in Eastern Europe under Socialism. " *Research in Social Stratification and Mobility* 19 (2002): 191 - 230.

Wong, Raymond Sin-Kwok. , "Multidimensional Influences of Family Environment in Education: The Case of Socialist Czechoslovakia" . *Sociology of Education* 71 (1998): 1 - 22.

Wright, E. O. (Ed.). , *Approaches to Class Analysis* (Cambridge: Cambridge University Press, 2005).

Wright, E. O. , and D. Cho. , "The Relative Permeability of Class Boundaries to Cross-Class Friendships: A Comparative Study of the United States, Canada, Sweden, and Norway. " *American Sociological Review* 57 (1992): 85 - 102.

Wright, E. O. , *Class Counts: Comparative Studies in Class Analysis* (New York: Cambridge University Press, 1997).

Wright, Erik Olin and Luca Perrone. , "Marxist Class Categories and Income Inequality. " *American Sociological Review* 42 (1977): 32 - 55.

Wright, Erik Olin. , *Class* (London: Verso, 1985).

Wright, Erik. Olin. , *Envisioning Real Utopias* (London: Verso, 2010).

Wu, Xiaogang and Donald J. Treiman. , "The Household Registration System and Social Stratification in China: 1955 – 1996. " *Demograph* 41 (2004): 363 – 384.

Wu, Xiaogang and Donald J. Treiman. , "Inequality and Equality under Chinese Socialism: The Hukou System and Intergenerational Occupational Mobility. " *The American Journal of Sociology* 113 (2007): 415 – 445.

Wu, Xiaogang and Yu Xie. , "Does the Market Pay off? Earnings Returns to Education in Urban China. " *American Sociological Review* 68 (2003): 425 – 442.

Wu, Yuxiao. , "Cultural Capital, the State, and Educational Inequality in China, 1949 – 1996. " *Sociological Perspectives* 51 (2008): 201 – 227.

Wu, Xiaogang. , "Communist Cadres and Market Opportunities: Entry into Self-employment in China, 1978 – 1996. " *Social Forces* 85 (2006): 389 – 411.

Xie, Yu and Emily Hannum. , "Regional Variation in Earnings Inequality in Reform Era Urban China. " *American Journal of Sociology* 101 (1996): 950 – 992.

Xie, Yu. , and A. Killewald. "Historical Trends in Social Mobility: Data, Methods, and Farming. ", University of Michigan, 2010, http: //www. psc. isr. umich. edu/pubs/pdf/rr10 – 716. pdf.

Xu, X. and Lai, S. , "Resources, Gender Ideologies, and Marital Power: The Case of Taiwan. " *Journal of Family Issues* 23 (2002): 209 – 245.

Yaish, M. , and T. Katz-Gerro. , "Disentangling ' Cultural Capital' : The Consequences of Cultural and Economic Resources for Taste and Participation. " *European Sociological Review* 28 (2012): 169 – 185.

Yamamoto, Y. , and M. C. Brinton. , " Cultural Capital in East Asian Educational Systems: The Case of Japan. " *Sociology of Education* 83 (2010): 67 – 83.

Zang, Xiaowei. , " Social Resources, Class Habitus and Friendship Ties in Urban China. " *Journal of Sociology* 42 (2006): 79 – 92.

Zang, Xiaowei. , " University Education, Party Seniority, and elite Recruitment in China. " *Social Science Research* 30 (2001): 62 – 75.

Zeng, Zhen. and Yu, Xie. , " The Effects of Grandparents on Children's Schooling: Evidence from Rural China. " paper presented at ISA RC28, CUHK, Hong Kong, Spring 2012.

Zeng, Yi, Ansley Coale, Minja Kim Choe, Zhiwu Liang, and Liu Li. " Leaving the Parental Home: Census-based Estimates for China, Japan, South Korea, United States, France, and Sweden. " *Population Studies* 48 (1994): 65 – 80.

Zhao, Yingshun, and Steven C Bourassa. " China's Urban Housing Reform: Recent Achievements and New Inequities. " *Housing Studies* 18 (2003): 721 – 744.

Zhou, Xueguang, Phyllis Moen, and Nancy Tuma, "Educational Stratification in Urban China: 1949 – 1994. " *Sociology of Education* 71 (1998): 199 – 222.

Zhou, Xueguang, and LirenHou, " Children of the Cultural Revolution: The State and the Life Course in the People's Republic of China, " *American Sociological Review* 64 (1999): 12 – 36.

Zhou, Xueguang, Nancy Tuma, Phyllis Moen. , "Stratification Dynamics under State Socialism: The Case of Urban China, 1949 – 1993. " *Social Forces* 74 (1996): 759 – 796.

Zhou, Xueguang, Nancy Tuma and Phyllis Moen. ,

"Institutional Change and Job-Shift Patterns in Urban China, 1949 to 1994. " *American Sociological Review* 62 (1997): 339 – 365.

Zhou, Xueguang, Phyllis Moen, and Tuma Nancy Brandon. , "Educational Stratification in Urban China: 1949 – 94. " *Sociology of Education* 71 (1998): 199 – 222.

Zhou, Xueguang. , "Economic Transformation and Income Inequality in Urban China: Evidence from Panel Data. " *American Journal of Sociology* 105 (2000): 1135 – 1174.

Zuo, Jiping. , "Rethinking Family Patriarchy and Women's Positions in Presocialist China. " *Journal of Marriage and Family* 71 (2009): 542 – 557.

附录 概念索引

后　记

本书收录了我在复旦大学社会学系攻读博士学位期间所撰写的部分论文。其中，既有通过严格匿名评审公开发表的学术论文，也有被评审人"枪毙"而未能发表的文稿。虽然这些文章看似涵盖面颇为宽泛——从抽象的"阶级"到具体的"社会支持"，但是都可以被置于"边界渗透与不平等"的范畴之中，它们正是本人的研究旨趣所在。

全书的六个章节是本人在博士学习的不同阶段完成的。第二章和第三章初稿成形于2012年秋。第四章内容的构思与写作可追溯到2010年的秋季，马磊师兄对本章提出过中肯的修改意见。第五章是由两篇于2013～2014年公开发表的论文（分别在《浙江学刊》和《社会学》）整合而成，其间合作者与我经过了多次不厌其烦的讨论。第六章是我于2011年夏天参加东京大学"'亚洲民主动态调查'工作坊"时完成的工作论文的中文版，而后该文曾发表于《社会》杂志。第一章则是我根据近年对西方文献的广泛阅读，结合自己对当下中国社会的观察和体验，就中国未来社会不平等研究的进展提出的一些展望，初稿完成于2014年仲夏。

坦率地说，在写这些文章的时候，我从来没有想到过有一天会将它们以书的形式呈现给读者。一直以来，自觉资历和学识都无法去驾驭一本学术专著。毕竟，在我看来，与学术论文相比，专著在理论积累、问题把握和写作技巧，甚至体力付出等方面都对作者提出了更严苛的要求。因此，我要特别感谢诸位老师、同事和朋友的不断鼓励和无私帮助！首先要感谢的是复旦大学社会学系的刘欣教授，他是我的博士生导师，他对学术的孜孜追求和对生活的热爱深深影响着我。浙江省社会科学院社会学所王金玲所长多年来在工作上给予我莫大的指导和关心。同时，感谢童根兴、吕鹏和李钧鹏等学界同仁的再三催促，才使得本书得以成形。还要感谢梁玉成、林闽钢、陈云松、陈友华、徐建牛、刁鹏飞、黄荣贵、闻翔、卢康华、陈永忠、严飞、雷鸣等数位师友一直以来的支持。当然，还要感谢编辑谢蕊芬女士和孙瑜女士的辛勤工作，她们在体例结构和文字润色上提出许多很好的建议，为本书增色不少。

最后，也是最重要的，我要感谢我的家人，他们以不同的方式在我的学习、工作和生活中给予我无微不至的关怀！

范晓光

2014 年 9 月 9 日初稿于杭州拱宸桥

2014 年 9 月 26 日定稿于杭州皇后公园

图书在版编目（CIP）数据

边界渗透与不平等：兼论社会分层的后果/范晓光著.
—北京：社会科学文献出版社，2014.12
ISBN 978 - 7 -5097 -6722 -1

Ⅰ.①边…　Ⅱ.①范…　Ⅲ.①社会阶层－研究
Ⅳ.①D013

中国版本图书馆 CIP 数据核字（2014）第 262763 号

边界渗透与不平等

——兼论社会分层的后果

著　　者/范晓光

出 版 人/谢寿光
项目统筹/谢蕊芬　童根兴
责任编辑/孙　瑜　刘德顺

出　　版/社会科学文献出版社·社会政法分社（010）59367156
　　　　　地址：北京市北三环中路甲29号院华龙大厦　邮编：100029
　　　　　网址：www. ssap. com. cn
发　　行/市场营销中心（010）59367081　59367090
　　　　　读者服务中心（010）59367028
印　　装/三河市尚艺印装有限公司

规　　格/开本：787mm×1092mm　1/20
　　　　　印张：10　字数：163千字
版　　次/2014年12月第1版　2014年12月第1次印刷
书　　号/ISBN 978 - 7 -5097 -6722 -1
定　　价/49.00元

本书如有破损、缺页、装订错误，请与本社读者服务中心联系更换